T0268556

Panorama hispanohablante 1
Spanish ab initio for the IB Diploma
Workbook
Second edition

Chris Fuller, Virginia Toro, María Isabel Isern Vivancos, Alicia Peña Calvo and Víctor González

CAMBRIDGE
UNIVERSITY PRESS

University Printing House, Cambridge CB2 8BS, United Kingdom

One Liberty Plaza, 20th Floor, New York, NY 10006, USA

477 Williamstown Road, Port Melbourne, VIC 3207, Australia

314–321, 3rd Floor, Plot 3, Splendor Forum, Jasola District Centre,
New Delhi – 110025, India

79 Anson Road, #06–04/06, Singapore 079906

Cambridge University Press is part of the University of Cambridge.

It furthers the University's mission by disseminating knowledge in the pursuit of education, learning and research at the highest international levels of excellence.

www.cambridge.org
Information on this title: www.cambridge.org/9781108704908

First published 2019

20 19 18 17 16 15 14 13 12 11 10 9

Printed in Poland by Opolgraf

A catalogue record for this publication is available from the British Library

ISBN 978-1-108-70490-8 Paperback

This work has been developed independently from and is not endorsed by the International Baccalaureate Organization. International Baccalaureate, Baccalauréat International, Bachillerato Internacional and IB are registered trademarks owned by the International Baccalaureate Organization.

IB consultant: Carmen de Miguel

Dedicado a la memoria de Virginia Toro, estimada docente de la lengua española queparticipó como autora en este proyecto.

NOTICE TO TEACHERS IN THE UK

It is illegal to reproduce any part of this work in material form (including photocopying and electronic storage) except under the following circumstances:

(i)   where you are abiding by a licence granted to your school or institution by the Copyright Licensing Agency;

(ii) where no such licence exists, or where you wish to exceed the terms of a licence, and you have gained the written permission of Cambridge University Press;

(iii) where you are allowed to reproduce without permission under the provisions of Chapter 3 of the Copyright, Designs and Patents Act 1988, which covers, for example, the reproduction of short passages within certain types of educational anthology and reproduction for the purposes of setting examination questions.

Acknowledgements

The authors and publishers acknowledge the following sources of copyright material and are grateful for the permissions granted. While every effort has been made, it has not always been possible to identify the sources of all the material used, or to trace all copyright holders. If any omissions are brought to our notice, we will be happy to include the appropriate acknowledgements on reprinting.

Thanks to the following for permission to reproduce images:

Cover image: Gabriel Perez/Getty Images

Unit 1: Malchev/Shutterstock; Image Source/GI; Viktorcvetkovic/GI; Poligrafistka/GI; horizon2531 alexxx1981/GI; Elva Etienne/GI; Plume Creative/GI; Rob Lewine/GI; Goldmund/GI; Christian Ferm/Folio/GI; Ron Levine/GI; Maskot/GI; anilakkus/GI; Anchiy/GI; jhorrocks/GI; Piotr Marcinski/GI; Frizzantine/GI; Di_Studio/GI; Unit 2: yalapeak/GI; Siberian Photographer/GI; Unit 3: Daisy-Daisy/GI; Meiko Arquillos/GI; Unit 4: Kristina Kohanova/GI; Sorapop/GI; Nakhorn Yuangkratoke/GI; fstop123/GI; mgkaya/GI; fcafotodigital/GI; fcafotodigital/GI; aluxum/GI; fcafotodigital/GI; Creative Crop/GI; dizelen/GI; Unit 7: Kryssia Campos/GI; Unit 8: seksan Mongkhonkhamsao/GI; Dragon Images/Shutterstock; Monkey Business Images/Shutterstock; Antonio Jorge Nunes/Shutterstock; Genialbaron/Shutterstock; Robert Kneschke/Shutterstock; Unit 9: Poligrafistka/GI; ullstein bild/GI; Leonello Calvetti/GI; svetikd/GI; Tetra Images/GI; sdominick/GI; PM Images/GI; Classen Rafael/GI; Unit 10: Hillary Kladke/GI; Neustockimages/GI; Unit 11: Monty Rakusen/GI; Manuel Breva Colmeiro/GI; Westend61/GI; FrankRamspott/GI; Victor_Brave/GI; Samarskaya/GI; bubaone/GI; normaals/GI; neapneap/GI; Unit 12: Gustoimages/Science Photo Library/GI; Unit 14: Image Source/GI.

Key: GI= Getty Images

1/1

Escribe las frases. Sigue el ejemplo.

1 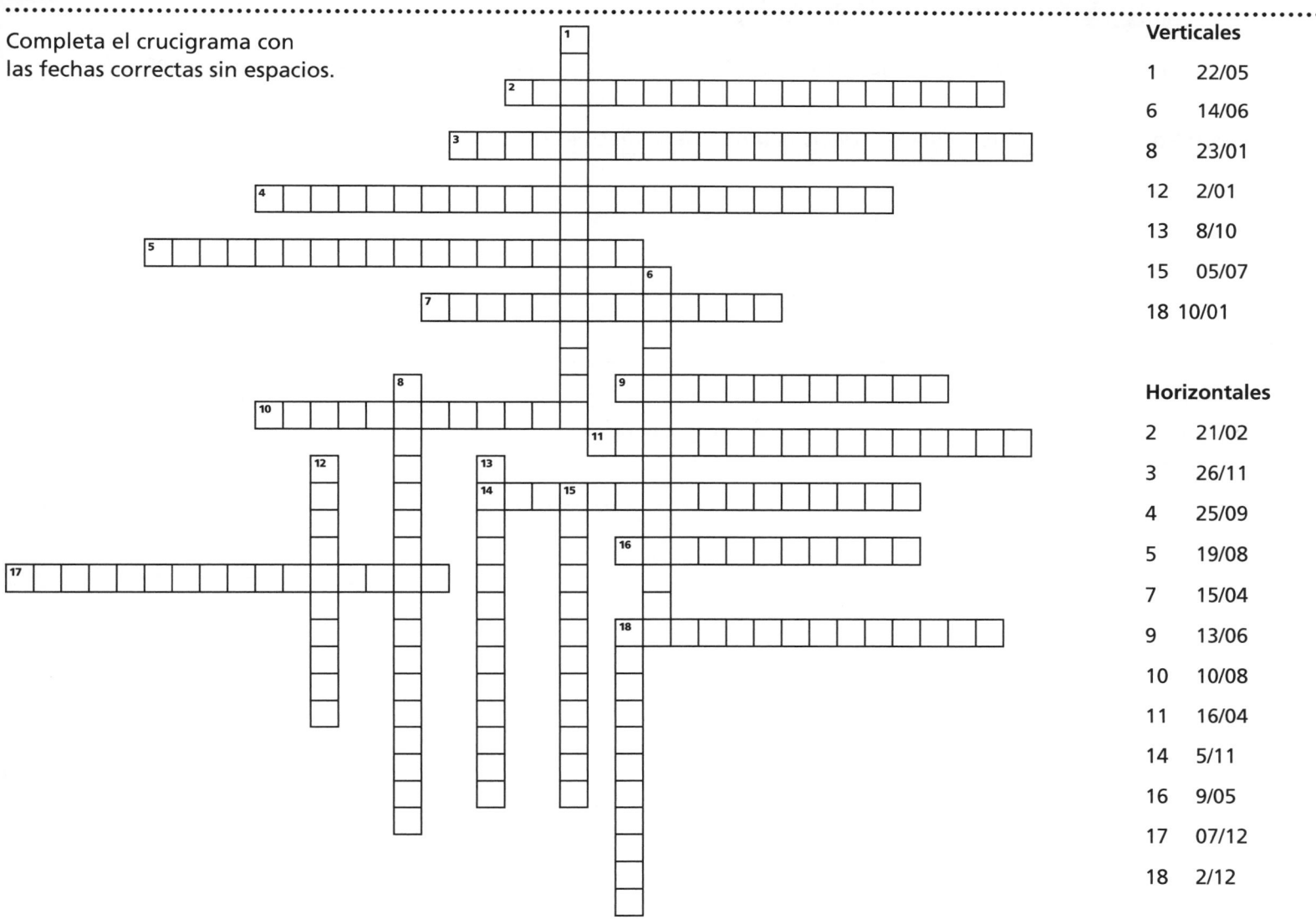 *Vivo en España.* *Soy español.*

4 _____ _____

2 _____ _____

5 _____ _____

3 _____ _____

China • España • Francia • México • Paquistán

1/2

Completa el crucigrama con las fechas correctas sin espacios.

Verticales

1 22/05
6 14/06
8 23/01
12 2/01
13 8/10
15 05/07
18 10/01

Horizontales

2 21/02
3 26/11
4 25/09
5 19/08
7 15/04
9 13/06
10 10/08
11 16/04
14 5/11
16 9/05
17 07/12
18 2/12

1/3
···

Escribe la fecha del cumpleaños de los miembros de esta familia.

Elías, 17 años, 28/11

Yolanda, 6 años, 25/02

Ramón, 78 años, 5/12

Silvia, 45 años, 15/06

Adrián, 19 años, 26/09

Carlos, 36 años, 3/01

Isabel, 15 años, 30/04

Salvador, 94 años, 17/08

Gema, 26 años, 23/03

1   *El cumpleaños de Elías es el veintiocho de noviembre. Tiene diecisiete años.* _____

2   _____

3   _____

4   _____

5   _____

6   _____

7   _____

8   _____

9   _____

1/4

Escoge el adjetivo más adecuado según el sentido de la frase o su concordancia.

1 Marcela es la esposa de Luis y no es ni *alta / alto* ni *baja / bajo*. Es de talla mediana.

2 Carolina es una mujer muy *responsable / perezosa*. Trabaja mucho cada día en la escuela.

3 El sobrino de José es una persona muy *ambiciosa / callada*. Nunca habla.

4 El cumpleaños de Carla es el 26 de noviembre. Es la hija de Rosa y es muy *guapa / atractivo*. Quiere ser actriz de cine.

5 Veo que Pedro es bastante fuerte y *atlético / bajo*. Es el más alto de la clase.

6 Es una persona *formal / habladora*. Es muy seria en el trabajo. Te la recomiendo.

1/5

Lee el texto y decide si las siguientes frases son verdaderas (V) o falsas (F). Justifica las frases que son falsas.

Hola, me llamo Juan Manuel y hoy os voy a hablar un poco sobre los miembros de mi familia. Mi padre se llama Miguel y tiene 42 años. Mi madre Leticia y es un poco mayor que él. Tiene 45 años. Los dos trabajan en un restaurante y yo los ayudo los fines de semana. Soy hijo único, pero tengo muchos primos, nueve en total. Mi padre tiene tres hermanos, que son mis tíos, y mi madre tiene dos hermanos. O sea que, en total, tengo diez tíos con sus esposos y esposas. Tengo cuatro abuelos y siempre que puedo paso las vacaciones con ellos. Son muy divertidos.

1 Juan Manuel tiene un padre y una madre mayor que su padre.

2 Juan Manuel tiene tres hermanos.

3 Juan Manuel tiene pocos primos.

4 El padre de Juan Manuel es hijo único.

5 La madre de Juan Manuel, Leticia, tiene dos hermanas.

6 Juan Manuel tiene cinco tíos y cuatro abuelos.

1/6

Escribe la forma correcta del verbo *ser*, *estar* o *tener*.

1 Me llamo Elisa y _____ diecisiete años.

2 Mis padres _____ divorciados.

3 Mi amiga _____ muy guapa.

4 Mis hermanas _____ diez y catorce años.

5 Francisco no _____ hermanos, _____ hijo único.

6 Los profesores _____ muy trabajadores.

7 Mis tíos no _____ hijos.

8 Silvia _____ casada con Pablo.

Me presento

Lee y completa los espacios con el vocabulario del recuadro.

```
●  ●  ●                                          Enviar

De: Tara
Para: Marta
Asunto: Presentación personal

¡Hola!
Buenos días, [1] _____ Tara y [2] _____ en California,
así pues soy [3] _____. Soy estudiante de español y también
hablo [4] _____ y un poco de [5] _____. Tengo
[6] _____ años y mi cumpleaños es en febrero, es el [7] _____
de [8] _____. Soy [9] _____ alta y guapa. No tengo
hermanos ni [10] _____, soy hija [11] _____, pero
[12] _____ dieciséis primos y un [13] _____. Mi hijo
[14] _____ Nixon.

¡Hasta pronto!
Tara xx
```

alemán ● bastante
estadounidense
febrero ● hermanas
hijo ● inglés
me llamo ● se llama
tengo ● treinta y dos
única ● veinticuatro
vivo

Utiliza el párrafo de la actividad 4 como modelo y escribe un correo electrónico similar sobre ti. Debes escribir al menos 50 palabras.

_____

_____

_____

_____

_____

_____

Completa esta entrevista con la pregunta adecuada.

1 _____

   Me llamo Janet.

2 _____

   Soy de Colombia.

3 _____

   Hablo español, inglés y un poco de francés.

4 _____

   Tengo diecinueve años.

6

2 Mis orígenes

2/1

Usa la forma apropiada del verbo *ser* o *tener* para terminar la frase.

Yo

Tú

Él

Ella

1  _____ dos hermanos.

2 _____ inglesa.

3 _____ muy inteligente.

4 _____ bastante trabajador.

5  _____ muy guapa.

6 _____ dieciocho años.

7  _____ una familia grande.

8 _____ una madre que se llama Cristina.

9 _____ un poco nervioso.

10 _____ estadounidense.

2/2

Escribe los números siguientes en palabras o en cifras.

	Número	Palabra
1	235	*Doscientos treinta y cinco*
2	372	
3	826	
4	1520	
5		Tres mil novecientos ochenta y nueve
6		Cuatrocientos sesenta y ocho
7	570	
8	5523	
9		Veintidós mil seiscientos ochenta y uno
10	2019	
11	714	

2/3

Haz las operaciones siguientes y escribe los resultados.

1 *Veintitrés + ochenta y nueve = ciento doce*

2 Noventa y nueve / once = _____

3 Sesenta y cuatro x quince = _____

4 Mil cuatrocientos cincuenta y cinco – setecientos cuarenta y cuatro = _____

5 Dos mil setecientos / treinta = _____

6 Cuatrocientos cuarenta y cinco + quinientos cincuenta y cuatro = _____

7 Setecientos veintiocho – trescientos treinta y dos = _____

8 Quinientos x ciento cuarenta = _____

9 Once mil treinta y uno + cincuenta y dos mil cuatrocientos catorce = _____

2/4

Ordena las palabras de cada frase.

1 gusta llevar me verdes unos pantalones

    Me gusta llevar unos pantalones verdes.

2 llevo azul falda una

    _____

3 ¿blancas gafas sol de llevas unas?

    _____

4 lleváis unas camisetas rojas

    _____

5 me no llevar morados zapatos unos gusta

    _____

6 camisa color de naranja una lleva él

    _____

7 ¿lleva un ella negro vestido?

    _____

8 nosotros de deporte zapatillas unas llevamos rosas.

    _____

9 me llevar unos cortos pantalones gusta

    _____

10 normalmente llevas camiseta y grande una gris

    _____

2/5

Escribe las frases con las formas correctas de los verbos y los adjetivos.

1 (ella) llevar + unos pantalones + negro

Lleva unos pantalones negros.

2 (nosotros) llevar + una camiseta + azul

_____

3 (ellos) llevar + una camisa + verde

_____

4 (vosotros) llevar + un sombrero + morado

_____

5 (tú) llevar + un vestido + blanco

_____

6 (él) llevar + unas gafas de sol + rosas

_____

7 (usted) llevar + un jersey + gris

_____

8 (ustedes) llevar + unos zapatos + marrones

_____

2/6

1 Elige un elemento de cada columna para formar frases comparando ropa. Recuerda utilizar las formas adecuadas de los adjetivos y verbos.

		Posición					
falda	rojo	de la derecha	ser	más… que	camiseta	rosa	de la derecha
camisa	verde	del centro		menos… que	zapatillas	morado	del centro
pantalones	azul	de la izquierda		tan… como	vaqueros	gris	de la izquierda
zapatos	blanco				gafas	naranja	
	negro					marrón	

1 *La falda azul de la derecha es menos cómoda que los vaqueros morados de la izquierda.*

2 _____

3 _____

4 _____

2 Escribe un título apropiado para cada columna de la tabla.

2/7

Escribe una frase con la forma apropiada del verbo *estar*. Sigue el ejemplo.

pronombres personales	estar		
yo	estoy	*Estoy **en** Los Ángeles.*	en
tú	estás		con
él/ella/usted	está		y
nosotros(as)	estamos		pero
vosotros(as)	estáis		también
ellos(as)/ustedes	están		y / pero

2/8

Completa la frase con la forma apropiada del verbo *estar* y un lugar o un estado de humor.

Sujeto	Verbo: *estar*	Lugar / estado de humor
1 Mi padre y yo	*estamos*	*contentos*
2 Mi hermano		
3 Tú		
4 Mis amigos		
5 Mi familia		
6 Juana		
7 El presidente		

2/9

Tira dos dados y construye las frases según el número resultante en cada dado. ¡Ojo! Tendrás que hacer concordar los adjetivos con el sujeto de la frase. Después, traduce las frases a tu idioma.

Estás   *en Tijuana.*

1	Estoy
2	Estás
3	Está
4	Estamos
5	Estáis
6	Están

1	delgado
2	en Madrid
3	en Londres
4	estresado
5	con la familia
6	en Tijuana

1 _____

2 _____

3 _____

4 _____

5 _____

6 _____

2/10

Escribe una descripción de ti mismo. Escribe un mínimo de 80 palabras. Incluye tu nombre, edad, dónde vives, una descripción de tu familia y de vuestras personalidades y descripciones físicas. Luego, completa la tabla con los elementos incluidos en tu texto y comprueba tu puntuación.

Elemento gramatical	Valor	Puntos
Adjetivo descriptivo (*alto*, *tímido*, *divertido*, etc.)	1	
Adverbio de afirmación (*también*, *además*)	1	
Conjunción (*pero*, *y*, *o*)	1	
Adverbio de cantidad (*mucho*, *muy*, *poco*, *bastante*)	2	
Uso del negativo (*no*, *nunca*, *nadie*)	3	
Comparativo (*más... que*, *menos... que*, *tan... como*)	5	
Total		

3/1

Completa la tabla con los meses del año según su número de días.

28/29 días	30 días	31 días
	abril	

3/2

Escribe los días de la semana correctamente.

1 JESVEU _jueves_

2 GIMONDO _____

3 RECIMÉSOL _____

4 BASODÁ _____

5 SETRAM _____

6 SULNE _____

7 SIERNEV _____

3/3

Completa las frases con el mes correspondiente.

1 Estamos en mayo, el próximo mes es _____.

2 Estamos en diciembre, el próximo mes es _____.

3 Estamos en julio, el próximo mes es _____.

4 Estamos en septiembre, el próximo mes es _____.

5 Estamos en febrero, el próximo mes es _____.

6 Estamos en agosto, el próximo mes es _____.

7 Estamos en enero, el próximo mes es _____.

8 Estamos en octubre, el próximo mes es _____.

9 Estamos en abril, el próximo mes es _____.

10 Estamos en noviembre, el próximo mes es _____.

11 Estamos en marzo, el próximo mes es _____.

12 Estamos en junio, el próximo mes es _____.

3/4

Escribe las preguntas que faltan.

1 _¿Qué día es hoy?_   Hoy es jueves.

2 _____   Hoy es 18 de julio.

3 _____   Hoy estamos a 19 de junio.

4 _____   Estamos en noviembre.

3/5

....

¿Cuándo es el cumpleaños de...?

1 ¿Cuándo es el cumpleaños de Ignacio?

(3/10) *El cumpleaños de Ignacio es el tres de octubre.* _____

2 ¿Cuándo es el cumpleaños de Sofía?

(6/8) _____

3 ¿Cuándo es el cumpleaños de Raúl?

(1/1) _____

4 ¿Cuándo es el cumpleaños de Juan?

(15/2) _____

5 ¿Cuándo es el cumpleaños de Cecilia?

(4/12) _____

6 ¿Cuándo es el cumpleaños de Esteban?

(7/3) _____

3/6

....

Completa los espacios en blanco con las palabras del recuadro.

1 No _____ 15 meses en un año.

| años • día • fecha • hay • hoy |
| mañana • semana • siglo |

2 Cien _____ son un _____.

3 ¿En qué _____ celebramos el Año Nuevo?

4 Hoy es jueves, entonces _____ es viernes.

5 ¿Qué _____ es _____?

6 En una _____ hay siete días.

Escribe la hora al lado de cada reloj.

 1   p.m. *Son las dos de la tarde.*

 2   a.m. _____

 3   p.m. _____

4   ☀ _____

 5   a.m. _____

 6   p.m. _____

 7   a.m. _____

 8   ☾ _____

Mira la siguiente lista de verbos y completa la tabla.

Verbo	Reflexivo	No reflexivo	Regular	Irregular	Irregular con cambio en el radical e > ie	e > i	o > ue
1 lavarse	✔		✔				
2 despertarse	✔				✔		
3 levantarse							
4 cepillarse							
5 bañarse							
6 ducharse							
7 secarse							
8 vestirse							
9 ponerse la ropa							
10 afeitarse							
11 desayunar							
12 irse	✔			✔			
13 llegar							
14 divertirse							
15 salir							
16 volver							
17 relajarse							
18 sentarse							
19 acostarse							
20 dormirse							

3/9

Escribe la conjugación completa de los verbos.

pronombres personales	despertarse (e > ie)	vestirse (e > i)	acostarse (o > ue)
yo	*me despierto*		
tú			
él/ella/usted		*se viste*	
nosotros(as)			
vosotros(as)			
ellos(as)/ustedes			*se acuestan*

3/10

Completa con el pronombre reflexivo apropiado.

1 ¿_____Te_____ levantas muy temprano?

2 Javier no _____ ducha todos los días.

3 ¿A qué hora _____ acostáis durante la semana?

4 Tú y yo _____ lavamos la cara con agua tibia.

5 Los niños _____ acuestan muy tarde.

6 Yo _____ cepillo los dientes dos veces al día.

7 La gente _____ prepara para salir.

3/11

Este es el correo de Mohamed, tu intercambio español. Te cuenta lo que hace en un día normal de sus vacaciones.
Lee y completa con una de las expresiones temporales del recuadro.

Enviar

De: Mohamed@correo.es
Para: amigos@intercambio.es
Asunto: Vacaciones

Hola, soy Mohamed y vivo en Murcia, en el sureste de España. Este es un día típico de mis vacaciones. No me despierto muy tarde, a las ocho y media o nueve. _En seguida_ me visto, me lavo y me cepillo los dientes. [1] _____ , tomo solo un zumo de naranja y voy a hacer ejercicio. [2] _____ hacer ejercicio, me ducho y desayuno fuerte. [3] _____ hablo con mis amigos y salimos. [4] _____ comer preparo la comida con mi familia, me gusta mucho cocinar. Por la tarde, hago deporte con mis amigos, natación o tenis normalmente.

[5] _____ , voy al cine, a un concierto o a dar una vuelta con mis amigos antes de volver a casa para acostarme y dormir.

primero
antes (de)
después (de)
luego
en seguida
por último

Mario

Clases todos los días: clases en el instituto de 8:00 a 16:00

Martes y jueves por la mañana: sacar a Cuqui, el perro

Lunes, miércoles y viernes por la mañana: caminar al instituto con mi hermana pequeña

Viernes y sábados de 17:00 a 18:00: hacer intercambio de inglés

Sábados y domingos: ir a la compra con mis padres, limpiar y ordenar mi habitación, salir con mis amigos por la tarde

Domingos por la tarde: deberes, acostarme pronto

Sofía

Clases todos los días: clases en el instituto de 8:00 a 16:00

Lunes, martes y jueves: comer en el instituto

Lunes, miércoles y viernes de 17:00 a 18:00: ir a clases de inglés

Viernes y sábados de 17:00 a 18:00: hacer deporte

Sábados y domingos: ¡dormir!, hacer los deberes, ayudar a la señora Sanz a hacer la compra y a limpiar

Domingos por la tarde: pasar la aspiradora y ordenar mi habitación

1 Maneras de vivir. Mario y Sofía son estudiantes. Lee el resumen de sus agendas semanales y compáralas.

1 Mario y Sofía _tienen_ clases en el instituto _todos los días_ de 8:00 a 16:00.

2 Los lunes, martes y jueves, Sofía _____ en el instituto, y los martes y jueves _____ Mario _____ a Cuqui.

3 Sofía _____ deporte los viernes y sábados _____ y Mario _____ un intercambio de inglés.

4 Mario _____ con sus amigos los sábados y domingos _____ y Sofía _____ a la señora Sanz a hacer la compra y a _____.

5 Los domingos por la tarde, Mario _____ y Sofía _____ y _____ su habitación.

2 Escoge a Mario o a Sofía e imagina cómo son sus fines de semana. Escribe lo que hace, cuándo, a qué hora y con quién.

Los fines de semana _____

_____

_____

_____

_____

3 ¿Y tú? ¿Qué sueles hacer tú los fines de semana? Escribe lo que sueles hacer tú los fines de semana.

Los fines de semana yo suelo _____

_____

_____

_____

3/13

Escribe frases con *soler* + infinitivo.

1 Ustedes / levantarse / 10:30 / domingos

Ustedes suelen levantarse a las 10:30 los domingos.

2 Mis hermanos / sacar la basura y lavar la ropa / noche

_____

3 Yo / no / comer mucho / mañana

_____

4 ¿Tú / visitar / a tus abuelos?

_____

5 En mi familia / todos / ayudar en casa

_____

6 Vosotros / ir de compras / sábados

_____

7 Clara / pasar la aspiradora / tarde

_____

3/14

Vuelve a leer los textos de la sección de Repaso en el libro del alumno y decide si las siguientes afirmaciones son falsas (F) o verdaderas (V), y justifica tus respuestas.

	F	V
1 Laura arregla su dormitorio por la mañana. *(Arreglo mi dormitorio antes de salir para el colegio).*		✔
2 Laura lava los platos antes de salir para el colegio.		
3 El hermano de Laura saca la basura.		
4 Francisco hace el desayuno para su familia los domingos.		
5 Francisco no pasa la aspiradora los sábados.		
6 Francisco lava la ropa los lunes y los jueves.		

	F	V
7 Alicia limpia el baño por la noche.		
8 La hermana de Alicia prepara el almuerzo para llevar al colegio.		
9 Los padres de Alicia hacen las compras.		
10 Eduardo y su madre preparan la cena dos veces a la semana.		
11 Eduardo ayuda a su padre a hacer el almuerzo los domingos.		
12 En la familia de Eduardo todos ayudan.		

4/1

Clasifica estos alimentos. Escríbelos en la columna correcta y luego haz un círculo sobre los nombres que son masculinos y subraya los que son femeninos. Usa el diccionario si es necesario.

Lácteos	Carne	Pescado	Fruta	Verdura	Bebidas
	salchichas				

agua • atún • bacalao • berenjena • bistec • café • coliflor
costillas de cordero • espinacas • hamburguesas • leche • lechuga
mantequilla • melocotón • melón • naranja • queso • salchichas • salmón
tomates • trucha • vino tinto • yogur • zumo de manzana

4/2

Mira las fotografías y escribe las frases. Extiende la frase con una justificación adecuada para cada opinión.

Me encanta la comida china porque es deliciosa.

1

4
_____
_____
_____

2
_____
_____
_____

5
_____
_____
_____

3
_____
_____
_____

6
_____
_____
_____

4/3

Observa otra vez la pirámide de alimentos del libro del alumno y escribe un texto en tercera persona sobre la dieta equilibrada con las palabras que te proponemos a continuación. Observa el ejemplo.

Excepcionalmente	Frutas y verduras	Para desayunar
Siempre	Pan integral	Para comer
De vez en cuando	Pollo	Para merendar
Dos veces a la semana	Pescado	Para cenar
Ocasionalmente	Leche	
Jamás	Queso	
Diariamente	Fruta	
	Galletas	
	Mantequilla	
	Bombones	

Jorge tiene una dieta equilibrada. Siempre come fruta y bebe leche para desayunar.

_____

_____

_____

_____

_____

_____

_____

_____

_____

_____

4/4

Lee las listas de la compra. Emparéjalas con la bolsa correcta. Escribe una lista para la bolsa que sobra.

1

2

3

4

Lista A
unos plátanos
media docena de huevos
dos naranjas
un pimiento
medio kilo de queso
dos yogures
una barra de pan
un litro de agua

Lista B
un tarro de salsa de tomate
una lechuga
dos naranjas
un litro de aceite
un pimiento

Lista C
un brócoli
un kilo de tomates
un kilo y medio de plátanos
un kilo de cebollas
un cuarto de kilo de champiñones
una lechuga
un melón

Lista D
_____
_____
_____
_____
_____
_____
_____
_____
_____
_____

4/5

Escoge los pronombres y demostrativos correspondientes en el siguiente diálogo entre Miguel y Amparo en una tienda de comestibles.

Amparo: Buenos días, Miguel.

Miguel: Hola, Amparo, buenos días.

Amparo: [1] _____ (*aquellas, esos, esta*) manzanas que tienes allí parecen muy buenas.

Miguel: [2] ¿ _____ (*estos, aquel, esas*) de allí? Sí, claro, las acaban de traer.

Amparo: Ponme un kilo de manzanas entonces. Y veo que tienes aquí [3] _____ (*estas, esos, estos*) botes de Cola Cao. ¿Ya no vendes zumo de naranja?

Miguel: Los botes de Cola Cao vamos a ver si tienen éxito. Hoy no tengo zumo de naranja en brik, pero me han llegado

[4] _____ (*esa, aquellas, estos*) zumos de pera. Son muy buenos.

Amparo: Tienen buena pinta. Me llevo uno, sí. Bueno, ¿y de [5] _____ (*esa, esas, estos*) mandarinas, qué me dices?

Miguel: Las vendo muy bien. La gente sale muy contenta. Dicen que son muy ricas. Te pongo las de arriba,

[6] _____ (*aquel, esa, estas*), que tienen un color más claro.

Amparo: Perfecto, Miguel. ¡Siempre tan atento! ¿Cuánto cuesta todo?

Miguel: Veinte euros. ¡Y no te olvides de llevarte el perejil, que [7] _____ (*esa, esas, este*) va muy bien para cocinar!

4/6

1 Queremos saber tu opinión. Lee el siguiente texto y pon los platos y especialidades culinarias del recuadro en el lugar correcto.

Bueno, pues te voy a dar mi opinión sobre los platos que me gustan más. [1] _____ de cordero me encantan. Creo que son muy buenas, pero no me gustan con [2] _____ , ya que no me atrae nada la lechuga. También me gustan mucho [3] _____ de ternera con patatas y los espaguetis con salsa de tomate y con [4] _____ . Como ves soy bastante carnívoro. A mi modo de ver, [5] _____ es generalmente sosa, aunque he de decir que es muy sana. Comer solo carne no es nada bueno, por eso tomo [6] _____ dos veces a la semana, generalmente salmón o sardinas. [7] _____ me gusta cocida, con aceite y patatas. El brócoli y las patatas siempre son una buena combinación aliñados siempre con aceite de oliva y un poco de sal. Hay un plato que tomo normalmente en verano, se llama [8] _____ y es muy popular en España, casi como la horchata. Es una sopa fría de tomate que refresca mucho para los días de calor y es muy rica. Mis padres, por el contrario, son un poco diferentes; les encanta comer [9] _____ . Son como moluscos de tierra que solo salen cuando llueve. Hay platos de otros países que me dan un poco de asco; [10] _____ o [11] _____ . El primer plato consiste en un conejillo de indias asado. El segundo son verdaderos insectos, típico plato de la región de Santander en Colombia.

las chuletillas • la cobaya asada • las hormigas culonas
el entrecot • carne picada • pescado • caracoles
ensalada • la verdura • gazpacho • la comida vegetariana

2 ¿Y para ti? ¿Cuáles son tus platos preferidos y cuáles no? ¡Vamos, cuéntame!

_____

_____

_____

_____

4/7

Crea tu propio menú.

Restaurante

_____

Menú del día
Comida casera
Primeros platos:

_____

_____

_____

_____

Segundos platos:

_____

_____

_____

_____

_____

Postres:

_____

_____

_____

Precio
€ _____

Pan, bebida y café incluidos.

5 ¿Dónde vives?

5/1

1 Escribe tus respuestas a las preguntas.

    1 ¿Vives en el campo o en la ciudad?

_____

    2 ¿En qué tipo de vivienda vives?

_____

    3 ¿Cómo son las viviendas en el lugar donde tú vives?

_____

    4 ¿Qué tipo de vivienda es más común en tu cultura?

_____

2 Entrevista a un compañero. ¿Qué tenéis en común?

_____

_____

_____

5/2

¿Dónde vive Lucía, en el campo o en una ciudad?

Descubre dónde vive Lucía completando el crucigrama con seis lugares públicos.

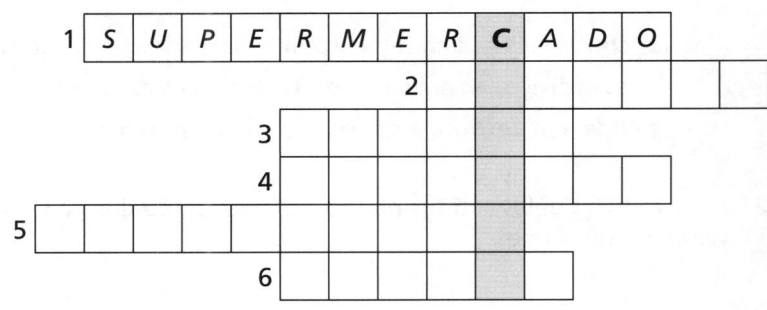

| 1 | S | U | P | E | R | M | E | R | **C** | A | D | O | | |

Lucía vive en una _____ .

22

5/3

Escribe siete frases utilizando elementos de cada una de las columnas de la tabla.

A	B	C	D
vosotros	alquilar	casa	grande
los jóvenes	vivir	piso	mediano/a
nosotros	vender	apartamento	pequeño/a
ustedes	tener	caravana	bonito/a
mi colegio	comprar	hotel	cómodo/a
		chalé	sencillo/a
		granja	lujoso/a
			acogedor(a)
			agradable

1 *Ustedes tienen un chalé bonito.* _____

2 _____

3 _____

4 _____

5 _____

6 _____

7 _____

5/4

Elige el adjetivo correcto. Fíjate en la concordancia (masculino/femenino, singular/plural).

1 En el barrio de Luis hay un polideportivo (*pequeño*)/ *pequeños*.

2 El instituto es un edificio *amarilla* / *amarillo*.

3 Las puertas de las clases son *verde* / *verdes*.

4 Los taxis en Madrid son *blancas* / *blancos*.

5 Las flores de las casas son *roja* / *rojas* y / *rojos.*

6 Hay también un parque bastante *grandes* / *grande.*

5/5

1 Lee el correo electrónico de Mia, una estudiante italiana que quiere hacer un intercambio contigo.

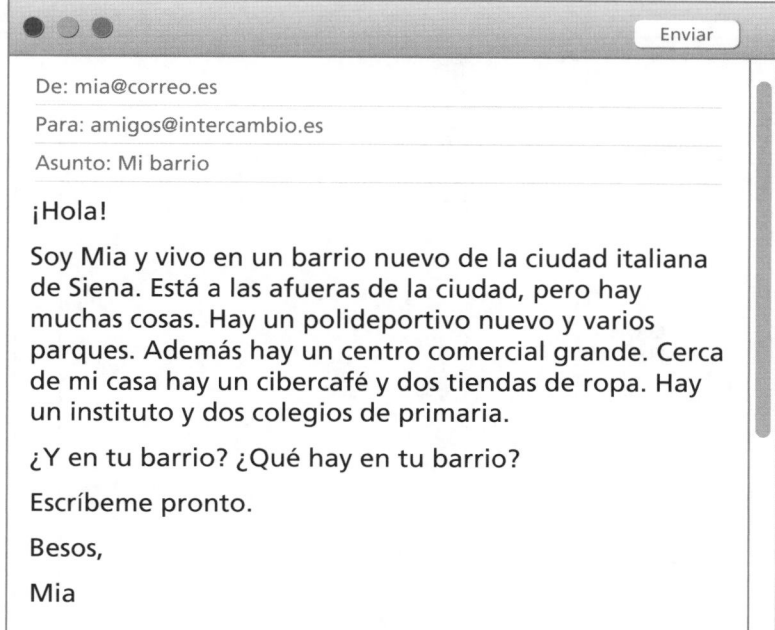

Enviar

De: mia@correo.es
Para: amigos@intercambio.es
Asunto: Mi barrio

¡Hola!

Soy Mia y vivo en un barrio nuevo de la ciudad italiana de Siena. Está a las afueras de la ciudad, pero hay muchas cosas. Hay un polideportivo nuevo y varios parques. Además hay un centro comercial grande. Cerca de mi casa hay un cibercafé y dos tiendas de ropa. Hay un instituto y dos colegios de primaria.

¿Y en tu barrio? ¿Qué hay en tu barrio?

Escríbeme pronto.

Besos,

Mia

2 Escribe un correo electrónico a Mia diciéndole dónde está tu barrio y qué hay en él.

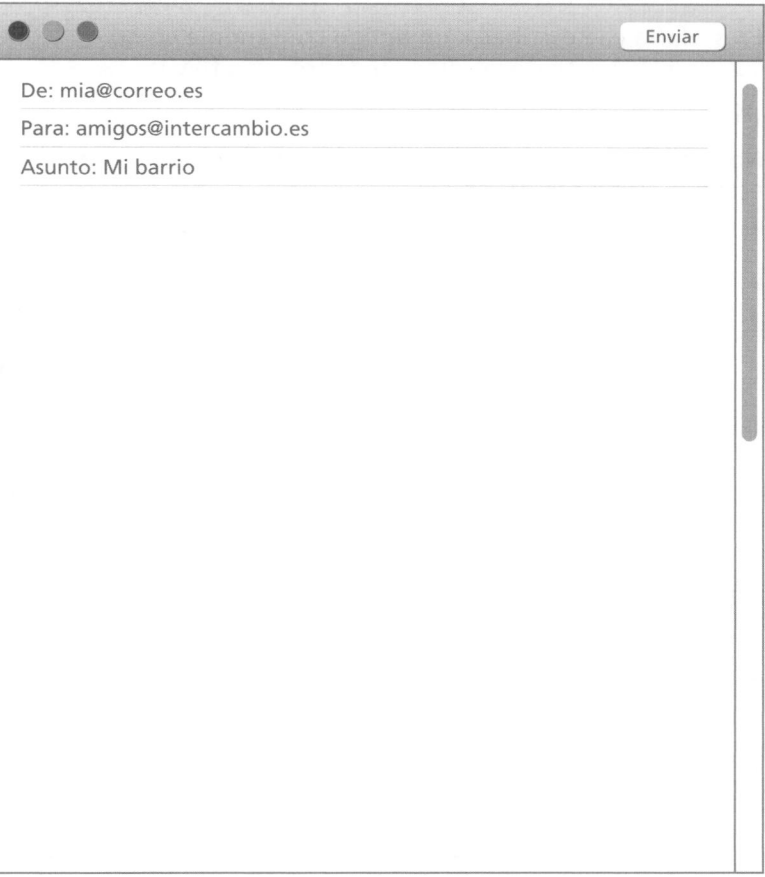

Enviar

De: mia@correo.es
Para: amigos@intercambio.es
Asunto: Mi barrio

5/6

Mira la imagen y utiliza las preposiciones del recuadro para completar el texto. Presta atención a los artículos (*de + el = del*).

al lado de ● dentro de ● detrás de
en ● enfrente de ● entre

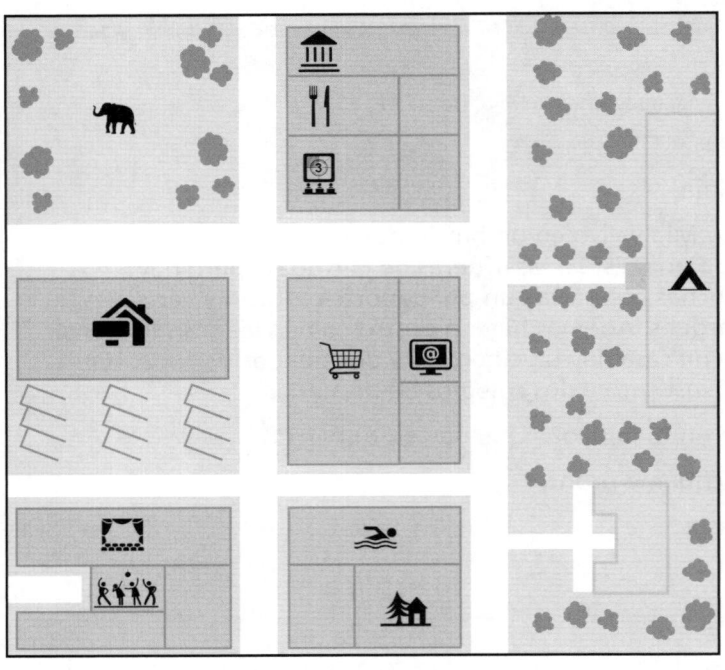

¡Bienvenido a Santichén!

Para dormir

El *camping* está *en el / dentro del* parque.

Hay un hotel [1] _____ el zoo.

El albergue juvenil está [2] _____ la piscina.

Para comer

El restaurante está [3] _____ el museo y el cine.

También hay un cibercafé [4] _____ el supermercado.

Para salir

La discoteca está [5] _____ el teatro.

5/7

Eres María y le escribes a un amigo contándole cómo vas normalmente de la estación de trenes a tu casa.

¡Hola!

Normalmente voy en tren, y para ir a casa desde la estación voy a pie.

1 *Tomo el paseo Marítimo a la izquierda y después sigo todo recto.*

2 Continúo por el paseo Marítimo, todo recto,

paso el _____

a la izquierda.

3 Giro a la izquierda en la calle _____

_____

4 _____

5 _____

6 _____

7 _____

8 Mi casa está ahí, _____.

5/8

Lee las conversaciones y señala la respuesta correcta.

Conversación 1

Julián: Hola, Felipe, hoy [1] (*vamos* / *vamos al* / *vamos en*) campo de excursión en bicicleta.

Felipe: ¿Qué tal, Julián? [2] ¿(*Estás a* / *Estás de* / *Estás en*) el parque ahora?

Julián: No, estoy en casa. Ahora [3] (*voy al* / *voy del* / *voy a el*) supermercado para comprar pan.

Conversación 2

Marta: Pues nosotros [4] (*vamos a el* / *van a la* / *vamos a la*) oficina de correos. ¿Necesitas algo?

Pilar: Pues no, gracias. Ahora [5] (*estamos* / *estamos en* / *estamos con*) casa. Después de comer, [6] (*voy al* / *vas a la* / *van a el*) Café Iruña.

Marta: ¡Voy contigo y tomamos algo!

Pilar: ¡Vale!

5/9

1 Lee la carta que Leonor le manda a su amiga Mar.

Querida Mar:

Ahora vivo en una ciudad muy ruidosa, pero acogedora. Me gusta porque hay muchos tipos de casas: pisos, apartamentos, chalés con jardín y, en las afueras, granjas y casas de campo. No puedo ir a pie a todos los sitios porque es una ciudad muy grande. Voy en bicicleta al parque, al polideportivo y al instituto, pero prefiero ir en tren o en autobús los fines de semana porque me gusta ir al campo con mis amigos.

¿Y tú, sigues en el pueblo de tus abuelos? Escribe pronto.

Con cariño,

Leonor

2 Subraya los verbos en el texto y clasifícalos en regulares e irregulares y según los cambios que aparecen en la tabla.

Regulares	Irregulares			
vivir		e > i	e > ie	o > ue
		seguir		

5/10

Contesta estas preguntas de una encuesta sobre preferencias turísticas.

1 ¿Qué prefieres para vivir: el campo o la ciudad?

Prefiero el campo. Me gusta mucho el campo y la naturaleza.

2 ¿Dónde te gusta ir de vacaciones: a la montaña, al mar o a la ciudad?

3 ¿Te gusta ir a museos y galerías de arte? ¿Por qué?

4 ¿Qué te gusta visitar en una ciudad (parques, museos, castillos, iglesias, tiendas…)?

5 ¿Comes en restaurantes o bares normalmente?

6 ¿Qué transportes usas habitualmente?

6 Zonas climáticas

6/1

Lee las frases y subraya la opción correcta.

1 Costa Rica *es*/ *está* / *hay* un país en América Central.

2 *Es* / *Está* / *Hay* un país fascinante y muy variado.

3 *Es* / *Está* / *Hay* muchas playas bonitas y muchos volcanes.

4 El volcán más activo *es* / *está* / *hay* Arenal y *es* / *está* / *hay* en el noroeste del país.

5 *Es* / *Está* / *Hay* entre Nicaragua y Honduras.

6 *Está* / *Hay* / *Es* el país más feliz, según el estudio Happy Planet en 2016.

7 El surf *es* / *está* / *hay* una actividad muy popular en la costa pacífica.

8 *Es* / *Está* / *Hay* una población de casi 5 millones.

6/2

Completa los espacios con las frases para describir el tiempo. Luego completa el crucigrama.

Horizontales

3 h__ __e c__lo__

4 l__ __e__e

5 h__ __e b__ __ n t__ __m__o

7 h__ __ t__ __ __ __ __ __ta

9 n__ __ __a

12 e__ __á __ __ __ __ __ado

13 __ __ Bolivia

14 __ __ __ __ __ f__ __ __ __

Verticales

1 __ __ __ __ __ mal t__ __ __ __o

2 __ __ __e cinco g__ __ __ __s

6 está __ __ __ __ __ __j__ __ __

8 __ __ __ __ __ __ __ __ __ __

10 e__ t__e__p__

11 __ __ __ __ __ s__ __

6/3

Lee el texto sobre el pronóstico del tiempo en España y dibuja los símbolos correspondientes en el mapa.

Hoy hace sol en el sur de España, especialmente en Córdoba, donde hace treinta grados, y en la costa, en Málaga, donde hace veintiocho grados.

En el este del país, en Valencia, hace un *poco* de viento. Un *poco* más al norte, en Barcelona, no hace mal tiempo, está despejado.

En la capital, Madrid, está un poco nublado.

ESPAÑA

6/4

1 Completa la tabla utilizando las formas apropiadas del pretérito indefinido.

pronombres personales	caminar	comprar	llevar	alojarse
yo	*caminé*	*compré*	*llevé*	*me alojé*
tú				te
él/ella/usted				se
nosotros(as)				nos
vosotros(as)				os
ellos(as)/ustedes				se

2 Escribe seis frases de exactamente siete palabras cada una utilizando los verbos (una frase por cada forma: primera persona singular, segunda persona singular, etc.).

1 *Compré una camiseta roja en el mercado.*

2 _____

3 _____

4 _____

5 _____

6 _____

6/5

¿Los verbos están en el presente (P) o en el pretérito indefinido (Pl)?

		P o Pl
1	*Hoy visité un volcán.*	PI
2	Estamos al lado de un lago.	
3	Ayer pasamos el día en la playa.	
4	Hace mucho frío aquí en las cataratas.	
5	Normalmente nadamos mucho en el río durante las vacaciones.	
6	Explora las dunas con su tío.	
7	Viajé en coche con mis padres al mar.	
8	Mi madre compró muchos recuerdos en las tiendas.	
9	¿Jugasteis a las cartas por la noche?	

6/6

Completa las frases, en el pretérito indefinido, utilizando el verbo entre paréntesis.

1 Mi madre (llorar)_____ cuando (llegar, nosotros) _____ al hotel.

2 (Sacar, yo) _____ muchas fotos durante la visita a la isla, me (encantar) _____.

3 Las vacaciones (mejorar) _____ mucho cuando (empezar) _____ a hacer más calor.

4 Mis hermanos (participar) _____ en muchas actividades, pero yo (descansar) _____ y

(escuchar) _____ música al lado de la piscina.

5 (Cancelar, nosotros) _____ el viaje al volcán porque hizo mucho frío. Mi padre (llamar) _____
a la agencia muy temprano por la mañana.

6 Se lo (explicar, yo) _____ a mis padres y luego (organizar, ellos) _____ los pasos necesarios.

6/7

Completa la tabla utilizando las formas apropiadas del pretérito indefinido.

pronombres personales	vivir	beber	comer	escribir
yo	viví	bebí	comí	escribí
tú				
él/ella/usted				
nosotros(as)				
vosotros(as)				
ellos(as)/ustedes				

6/8

1 Convierte el infinitivo en pretérito indefinido utilizando la persona indicada entre paréntesis.

2 Traduce el verbo a tu idioma nativo.

Infinitivo	Pretérito indefinido	El verbo en tu idioma nativo
1 describir (usted)		
2 decidir (tú)		
3 romper (ellos)		
4 sorprender (yo)		
5 cometer (ella)		
6 recibir (nosotros)		
7 insistir (ellos)		
8 esconder (vosotros)		
9 vender (él)		
10 cumplir (yo)		

6/9
....

Completa las frases, en el pretérito indefinido, utilizando el verbo entre paréntesis, para describir unas vacaciones recientes. Intenta incluir el mayor número de detalles posibles: ¿dónde? / ¿cómo? / ¿qué? / ¿con quién? / opiniones. Luego, completa la tabla y comprueba tu puntuación.

1 El año pasado (visitar) _____

2 Durante el viaje (decidir) _____

3 (Dormir) _____ en _____

4 Una noche (salir) _____

5 Después, al día siguiente (ir) _____

6 Antes de volver a casa (comprar) _____

Elemento gramatical	Valor	Puntos
Adjetivo (*divertido, emocionante, frustrante*)	1	
Adverbio (*normalmente, tranquilamente*)	2	
Conector (*y, sin embargo, pero*)	3	
Infinitivo	3	
El pretérito indefinido	5	
El pretérito indefinido irregular (*ir, ser,* etc.)	10	
Total		

6/10
....

Lee y completa los espacios con el vocabulario del recuadro. No debes usar todas las palabras.

Hay muchos lugares que [1]_____ visitar en el futuro. Sin embargo, el país adonde más me gustaría [2]_____ es México.

[3]_____ celebrar El Día de los Muertos en la Ciudad de México.

Generalmente [4]_____ ir a muchas fiestas o festivales porque

[5]_____ bastante nervioso y tímido, pero sobre todo [6]_____ ver todos los colores, aunque no me gustaría [7]_____ porque prefiero

[8]_____ con la gente y [9]_____ la comida deliciosa.

bailar • Quiero • beber
me encantaría
te gustaría • soy • hablar
no me gusta • comer
estoy • puedo • me gustaría • ir
hay • odiaría • escuchar

7/1

Ordena las letras en las siguientes palabras para encontrar doce medios de transporte.

1 CHECO *coche*

2 LLABOCA _____

3 TORME _____

4 PHIELTROECÓ _____

5 IVANÓ _____

6 IXTA _____

7 ÚSBTOUA _____

8 RENT _____

9 UFRACILUN _____

10 BROCA _____

11 CICALTIBE _____

12 TOMO _____

7/2

Forma frases completas usando *ir + a + infinitivo* con los elementos dados. Debes añadir algunos elementos.

1 El mes que viene / Jorge / ir / de vacaciones / Medellín / avión

   → *El mes que viene Jorge va a ir de vacaciones a Medellín en avión.*

2 Los padres / Jorge / no / ir / Medellín / con él

   _____

3 Jorge y yo / no / ir a pie / Museo de Antioquia / estar / muy lejos

   _____

4 ¿Vosotros / ir / en autobús / casa del tío Álvaro / fin de semana?

   _____

5 ¿El vuelo de Jorge / llegar / tarde esta noche / Medellín?

   _____

6 El taxi / llegar / a tiempo / estación de tren.

   _____

7 ¿Ustedes / montar en bicicleta / Jorge / esta tarde?

   _____

7/3

Lee las conversaciones y escribe en los espacios en blanco la forma afirmativa o negativa del imperativo en la forma *tú*.

Conversación 1

Una chica: Perdón, ¿para ir a la estación de metro, tomo la primera calle a la derecha y cruzo el puente?

Jorge: No. No [1] *tomes* la primera calle a la derecha. Toma la segunda calle a la izquierda. [2] _____ _____ el puente. [3] _____ la calle Segovia, [4] _____ la oficina de correos y allí está, al lado de la biblioteca.

Una chica: Muchas gracias, ¡adiós!

Conversación 2

Jorge: Perdón, señora, ¿para llegar al museo, sigo derecho y volteo por la calle Valledupar?

Una señora: No. [5] _____ _____ derecho. Cruza la plaza Santander, [6] _____ _____ por la calle Valledupar. [7] _____ derecho por la calle Cantabria y el museo está al frente de la tienda de libros.

Jorge: Gracias. ¡Feliz tarde!

Conversación 3

Jorge: Perdón, ¿para llegar a la plaza La Candelaria, subo por la calle San Felipe, giro a la izquierda en la avenida Uruguay y luego bajo por la calle Bolívar?

Un señor: No. [8] _____ _____ por la calle San Felipe, [9] _____ por la calle Manzanares. [10] _____ _____ a la izquierda, [11] _____ a la derecha y [12] _____ _____ por la calle Bolívar. [13] _____ por la calle Balleneras y allí está la plaza de La Candelaria.

Jorge: Gracias, señor. ¡Hasta luego!

baja • continúa • cruza • no dobles
gira • no bajes • no cruces • no gires • no sigas
no subas • pasa • sube • tomes

7/4

Completa la tabla con las dos formas del imperativo: afirmativa y negativa.

Imperativo informal: *tú*

Infinitivo	Forma afirmativa	Forma negativa
	toma	
	coge	
continuar		*no continúes*
		no pases

7/5

Lee con atención las frases siguientes y ordénalas cronológicamente para formar el correo electrónico que Jorge le envió a su amiga Elena.

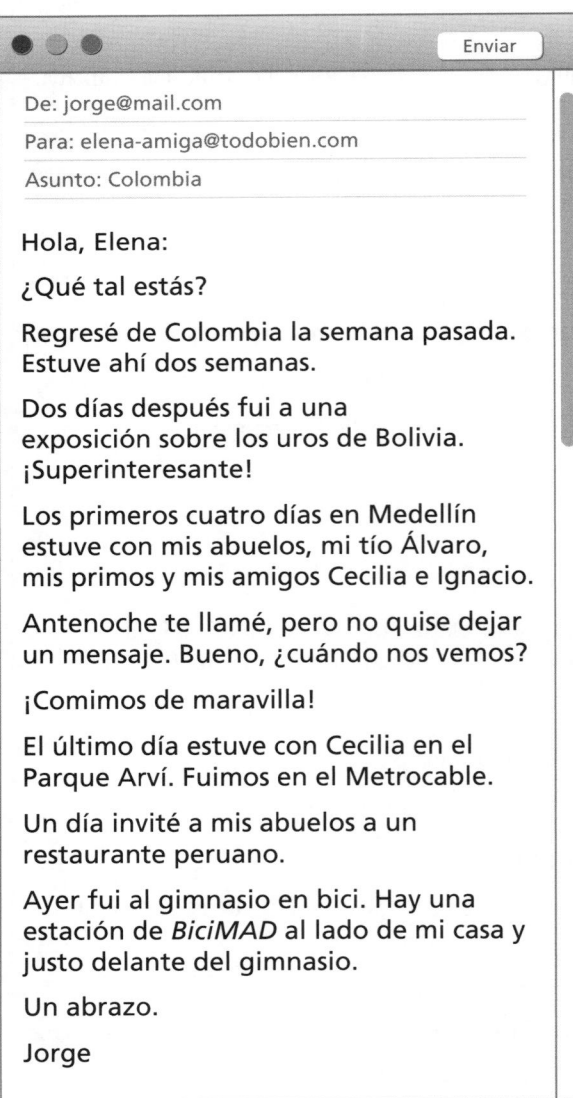

De: jorge@mail.com
Para: elena-amiga@todobien.com
Asunto: Colombia

Hola, Elena:

¿Qué tal estás?

Regresé de Colombia la semana pasada. Estuve ahí dos semanas.

Dos días después fui a una exposición sobre los uros de Bolivia. ¡Superinteresante!

Los primeros cuatro días en Medellín estuve con mis abuelos, mi tío Álvaro, mis primos y mis amigos Cecilia e Ignacio.

Antenoche te llamé, pero no quise dejar un mensaje. Bueno, ¿cuándo nos vemos?

¡Comimos de maravilla!

El último día estuve con Cecilia en el Parque Arví. Fuimos en el Metrocable.

Un día invité a mis abuelos a un restaurante peruano.

Ayer fui al gimnasio en bici. Hay una estación de *BiciMAD* al lado de mi casa y justo delante del gimnasio.

Un abrazo.

Jorge

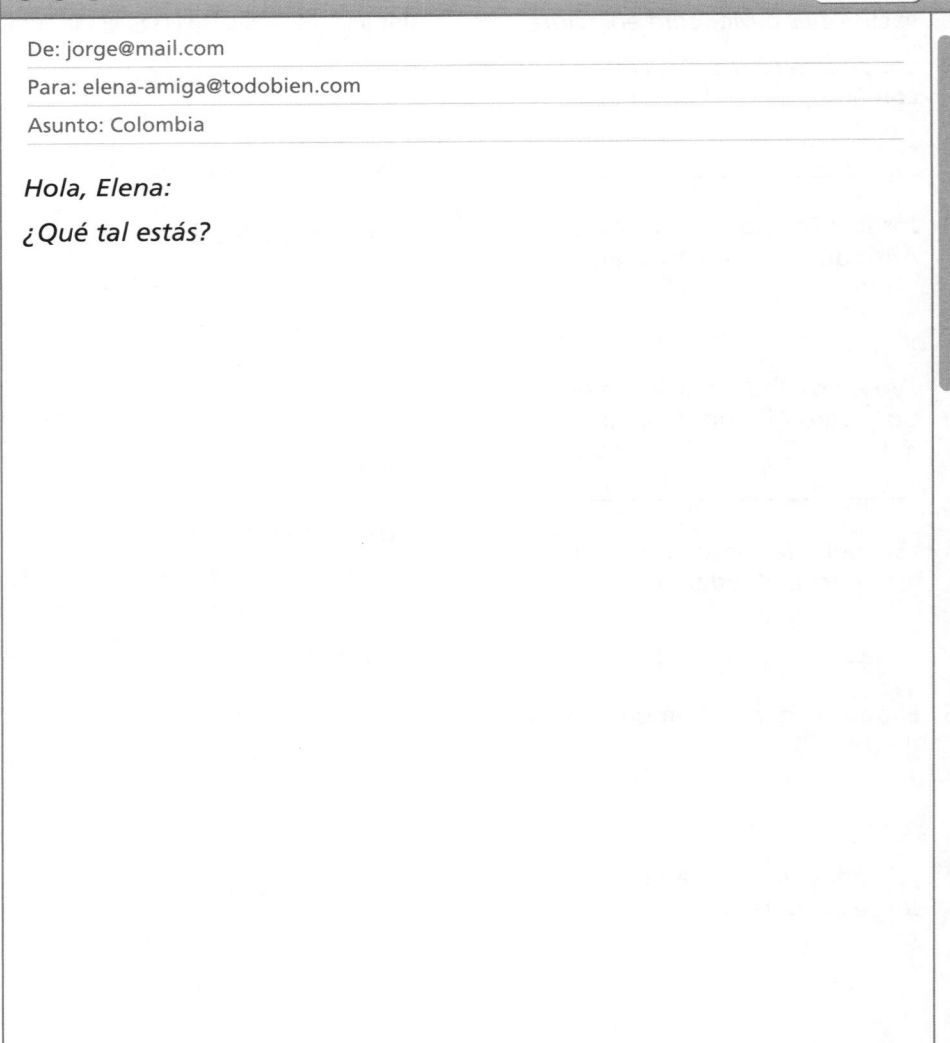

De: jorge@mail.com
Para: elena-amiga@todobien.com
Asunto: Colombia

Hola, Elena:

¿Qué tal estás?

7/6

Mira la siguiente lista de adjetivos que podemos utilizar para describir los medios de transporte. Escribe dos o tres medios que se puedan describir con cada adjetivo.

contaminante	limpio/a	lento/a	rápido/a	práctico/a	popular
el avión					
el coche					
la moto					

caro/a / costoso/a	barato/a / económico/a	cómodo/a	incómodo/a	divertido/a	sostenible

7/7

Elige el verbo apropiado para cada espacio y conjúgalo en el pretérito indefinido.
Puedes utilizar cada verbo una sola vez excepto el verbo *traer* que aparece dos veces.

Viernes, 4:30 p.m.

Hola, Jorge:

[1] *Vine* (venir) a verte, pero no estás en casa. Te dejo esta nota entonces. Te cuento que la semana pasada

tres amigos y yo [2] _____ en Barcelona: Federico, Diego y Luz. [3] _____

por todas partes en las bicicletas de *bicing*, el sistema de alquiler de bicicletas de la ciudad. Las bicicletas

son fantásticas y muy económicas. No [4] _____ coger el metro para nada.

[5] _____ muchas cosas: fuimos a la playa, [6] _____ visitar la Sagrada Familia

y el Parque Güell. [7] _____ la oportunidad de tomar el funicular y subimos a Montjuic, desde

donde [8] _____ toda la ciudad. Yo no [9] _____ en el mismo funicular que mis

amigos, entonces tomé el siguiente. A Federico y a mí nos encantó Montjuic, pero Diego y Luz no

[10] _____ mucho y al fin yo no [11] _____ si les gustó o no. Ese día por la noche

[12] _____ un espectáculo de danza en el Gran Teatro del Liceu y fuimos porque a todos nos

encanta la danza. Cuando regresamos al hotel [13] _____ música y hablamos un rato. Nos

acostamos más tarde. Mis amigos [14] _____ algunos recuerdos de Barcelona que compraron

en el Parque Güell. Yo te [15] _____ un recuerdo que compré en la Fundación Joan Miró.

Un beso,

Elena

andar • caber • decir
estar • haber • hacer
poder • poner • querer
saber • tener • traer
venir • ver

7/8

Completa la tabla con todos los verbos que hay en el pretérito indefinido en el texto *La transformación de un barrio* en el libro del alumno y escríbelos en el infinitivo. Hay 11 verbos en total.

Pretérito indefinido	Infinitivo
nació	nacer

7/9

Lee el texto sobre turismo de naturaleza en Costa Rica y relaciona cada principio de frase de la columna de la izquierda con el final adecuado de la columna de la derecha. Nota que hay más finales de los necesarios.

LA MAGIA DE LA NATURALEZA

Si quieres descansar y disfrutar de la naturaleza sin aburrirte, este pequeño país centroamericano es único en riqueza biológica y destaca por su biodiversidad. Aquí se encuentra el 5 % de la biodiversidad mundial, por eso, si te interesa la naturaleza, Costa Rica es el país para tus vacaciones.

En este extraordinario país puedes disfrutar de la naturaleza, desde bajar al cráter de un volcán, ver quetzales, tucanes, osos, jaguares y pumas, hasta una gran variedad de flores y plantas tropicales. Para conocer y conservar las zonas naturales, lo mejor es caminar por las reservas biológicas y las reservas forestales. Además, muchos visitantes vienen solo para practicar deportes acuáticos como el *windsurf*, el buceo, la pesca, la navegación y bajar en kayak por los rápidos. Algunos hacen excursiones a caballo o en bicicleta por los senderos del bosque para disfrutar y preservar la fauna y la flora de los parques naturales.

Además, la variedad y riqueza natural está presente en la gastronomía costarricense: con más de 150 variedades de frutas entre las que destacan la guayaba, la mora, los mamones y el mango.

¡Ven a Costa Rica, te va a gustar!

1 Este país centroamericano ☐

2 Si pasas tus vacaciones en Costa Rica, ☐

3 Para el conocimiento y la conservación de sus zonas naturales, Costa Rica ☐

4 La práctica de deportes acuáticos ☐

5 Recorrer los parques naturales en bici o a caballo ☐

6 En la mesa de Costa Rica ☐

A es por su fantástico clima.

B destaca también la variedad y la riqueza, por ejemplo, en sus frutas.

C es impresionante porque tiene una gran variedad biológica.

D favorece los deportes de aventura.

E es porque realmente te gusta y disfrutas de la naturaleza.

F tiene que hacer excursiones en bici o a pie.

G es posible ver osos o jaguares.

H es una práctica que algunos eligen para conocer y proteger la naturaleza.

I cuenta con reservas biológicas y reservas naturales.

J no incluye las bajadas por rápidos porque daña la fauna y flora marina.

K hay alimentos desconocidos en otros países.

L es la única razón de visita para algunos turistas.

8 Mi tiempo libre

8/1

Completa con la información necesaria.

1 Tres deportes que se juegan con un balón grande:

_____ _____ _____

2 Tres deportes que se juegan en equipo:

_____ _____ _____

3 Tres deportes que se juegan individualmente:

_____ _____ _____

4 Tres actividades de ocio:

_____ _____ _____

8/2

Mira la nube de palabras y haz una tabla con los nombres de los deportes y de las actividades de ocio que ves. Agrega el artículo definido *el, la, los* o *las* según convenga. Hay 22 deportes y 17 actividades de ocio.

Deportes	Actividades de ocio	Deportes	Actividades de ocio
1 *el fútbol*	1 *los juegos de mesa*		

8/3

Completa el correo electrónico con palabras del recuadro. Nota que hay más palabras de las necesarias.

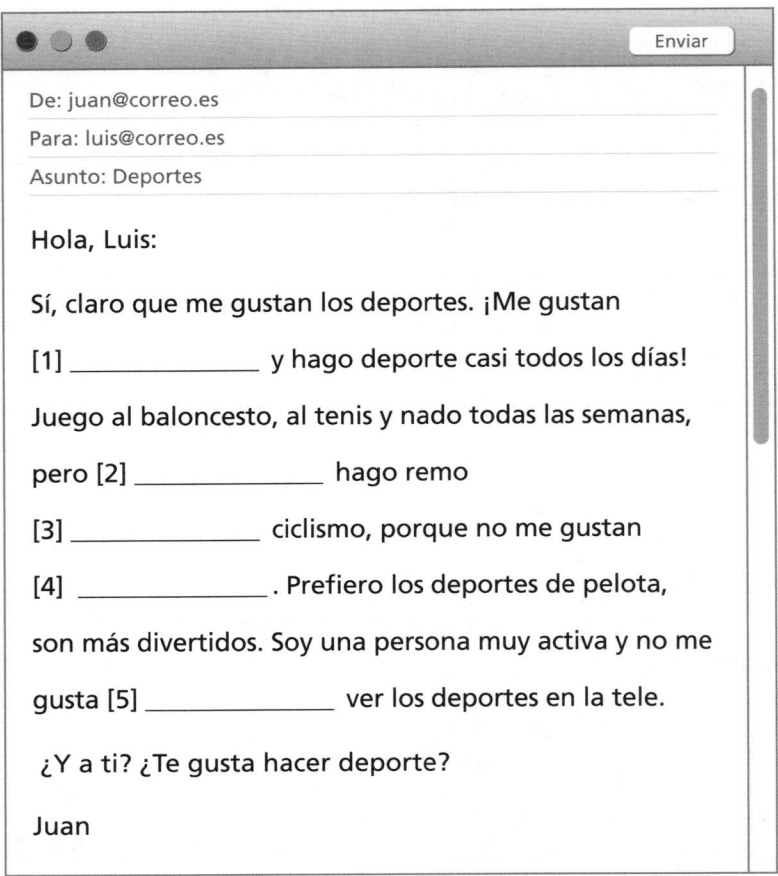

De: juan@correo.es
Para: luis@correo.es
Asunto: Deportes

Hola, Luis:

Sí, claro que me gustan los deportes. ¡Me gustan

[1] _____ y hago deporte casi todos los días!

Juego al baloncesto, al tenis y nado todas las semanas,

pero [2] _____ hago remo

[3] _____ ciclismo, porque no me gustan

[4] _____ . Prefiero los deportes de pelota,

son más divertidos. Soy una persona muy activa y no me

gusta [5] _____ ver los deportes en la tele.

¿Y a ti? ¿Te gusta hacer deporte?

Juan

mucho • poco • nada • no • ni • nadie
ningún • tampoco • bastante

8/4

Acaba las siguientes frases con tus gustos sobre deportes.
Me gustan los deportes al aire libre.

1 Me gustan _____

2 Me gusta mucho _____

3 No me gusta _____

4 No me gusta nada _____

5 No me gustan nada _____

   ni _____

8/5

Transforma las siguientes frases en negativas.

1 A todos les gusta practicar deporte.
   A ninguno le gusta practicar deporte.

2 ¿Alguien sabe tocar la trompeta?

   _____

   _____

3 Siempre vamos de excursión al campo los domingos.

   _____

   _____

4 El torneo se celebró por la mañana y por la tarde.

   _____

   _____

5 El año pasado entrenaron todos los viernes por la tarde.

   _____

   _____

6 ¿Quién sabe jugar a algún juego de mesa?

   _____

   _____

7 Sí, yo conozco las reglas de este juego.

   _____

   _____

8/6

Completa las frases y pon el verbo entre paréntesis en el pretérito indefinido.

1 El curso pasado el club de ajedrez (ser) *fue interesante.*

2 Solo quince estudiantes (aprender)

_____

3 Las sesiones de baile (ser)

_____

4 Quince estudiantes (tocar)

_____

5 Diez estudiantes (participar en)

_____

6 A los estudiantes les (gustar)

_____

7 Veinte estudiantes (jugar)

_____

8/7

Mira las imágenes de las actividades que hizo Paulina el año pasado. Escribe un párrafo de aproximadamente 50 palabras sobre sus actividades de tiempo libre el año pasado.

El año pasado, Paulina hizo tres actividades muy diferentes. Primero hizo...

8/8

Lee y completa este cuestionario sobre tus gustos y aficiones en el tiempo libre.

1 LA MÚSICA Y TÚ

¿Te gusta la música? ¿Por qué?

Sí, me gusta mucho la música. Me gusta porque me relaja.

¿Qué tipo de música te gusta? ¿Qué tipo de música no te gusta?

_____

_____

¿Tocas algún instrumento? ¿Cuál? ¿Cuándo empezaste?

_____

_____

2 EL DEPORTE Y TÚ

¿Practicas algún deporte de equipo? ¿Cuál? ¿Cuándo entrenas?

_____

_____

¿Te gusta ver deportes en la televisión o en vivo? ¿Viste alguna competición deportiva o partido el mes pasado? ¿Cuál?

_____

_____

_____

Da el nombre de tres deportes olímpicos.

_____

_____

3 LAS ARTES ESCÉNICAS

¿Qué artes escénicas conoces? ¿Participas en alguna? ¿Por qué?

_____

_____

¿Fuiste al cine, al teatro o a algún concierto el mes pasado con tus amigos? ¿Qué hicisteis?

_____

_____

Da el nombre de alguna persona del mundo del cine, del teatro o de la danza a la que admires, te guste o no te guste nada y explica la razón.

_____

_____

4 OTRAS ACTIVIDADES

¿Utilizas Internet en tu tiempo de ocio? ¿Por qué? ¿Cuántas horas pasaste usando Internet en tu tiempo libre la semana pasada?

_____

_____

¿Hiciste alguna actividad al aire libre con tus amigos el año pasado? ¿Cuál y qué hicisteis?

_____

_____

¿Te gustan los juegos de mesa o los videojuegos? ¿Por qué?

_____

_____

Lee las descripciones de las dinámicas de grupo y decide si las siguientes frases son verdaderas (V) o falsas (F). Corrige las falsas.

Dinámicas de grupos divertidas

El Juego del Nombre en la Espalda

INSTRUCCIONES

Objetivo: Descubrir quién eres (deportistas y celebridades del mundo hispanohablante)

Duración: 10 minutos

Participantes: 2+

Procedimiento: Haz preguntas de respuesta *sí* o *no* a tus compañeros de clase para poder adivinar el nombre que llevas en la espalda.

Ejemplo:

¿Soy campeón olímpico? No.

¿Soy campeona olímpica? Sí.

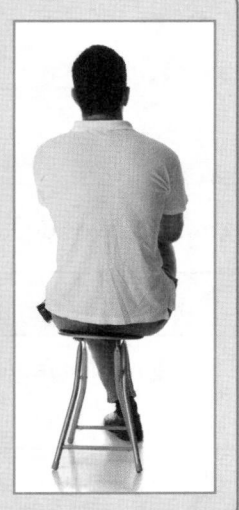

Acrónimos

INSTRUCCIONES

Objetivo: Descifrar acrónimos

Duración: 10 minutos

Participantes: en parejas o grupos de 3 o 4

Procedimiento: Tu grupo intenta descifrar una variedad de acrónimos y los presenta al grupo.

Ejemplo: **FIFA** = *Federación Internacional de la Asociación de Fútbol*

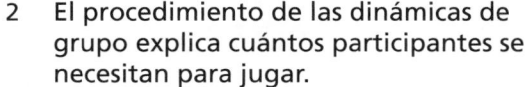
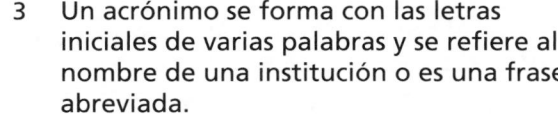

El Juego de las Diferencias

INSTRUCCIONES

Objetivo: Identificar los cambios en el equipo contrario

Duración: 10 minutos

Procedimiento: Dos equipos (el equipo A en una fila; el equipo B en otra fila).

El equipo A estudia por unos minutos la apariencia del equipo B. El equipo A sale de la clase o se da la vuelta mirando a la pared. El equipo B cambia algo de su apariencia.

El equipo A entra en la clase y trata de identificar los cambios. El equipo gana un punto por cada cambio identificado.

F   V

1. El Juego del Nombre en la Espalda tiene como objetivo descubrir qué celebridad del mundo hispanohablante llevas en la espalda.

2. El procedimiento de las dinámicas de grupo explica cuántos participantes se necesitan para jugar.

3. Un acrónimo se forma con las letras iniciales de varias palabras y se refiere al nombre de una institución o es una frase abreviada.

4. El objetivo de Acrónimos es adivinar las letras iniciales de varias palabras.

5. E Juego de las Diferencias es un juego de memoria.

6. Las tres dinámicas de grupo tienen diferente duración.

7. Hay que formar equipos para las tres dinámicas de grupos.

9 La educación

9/1

1 Escribe los nombres de las asignaturas.

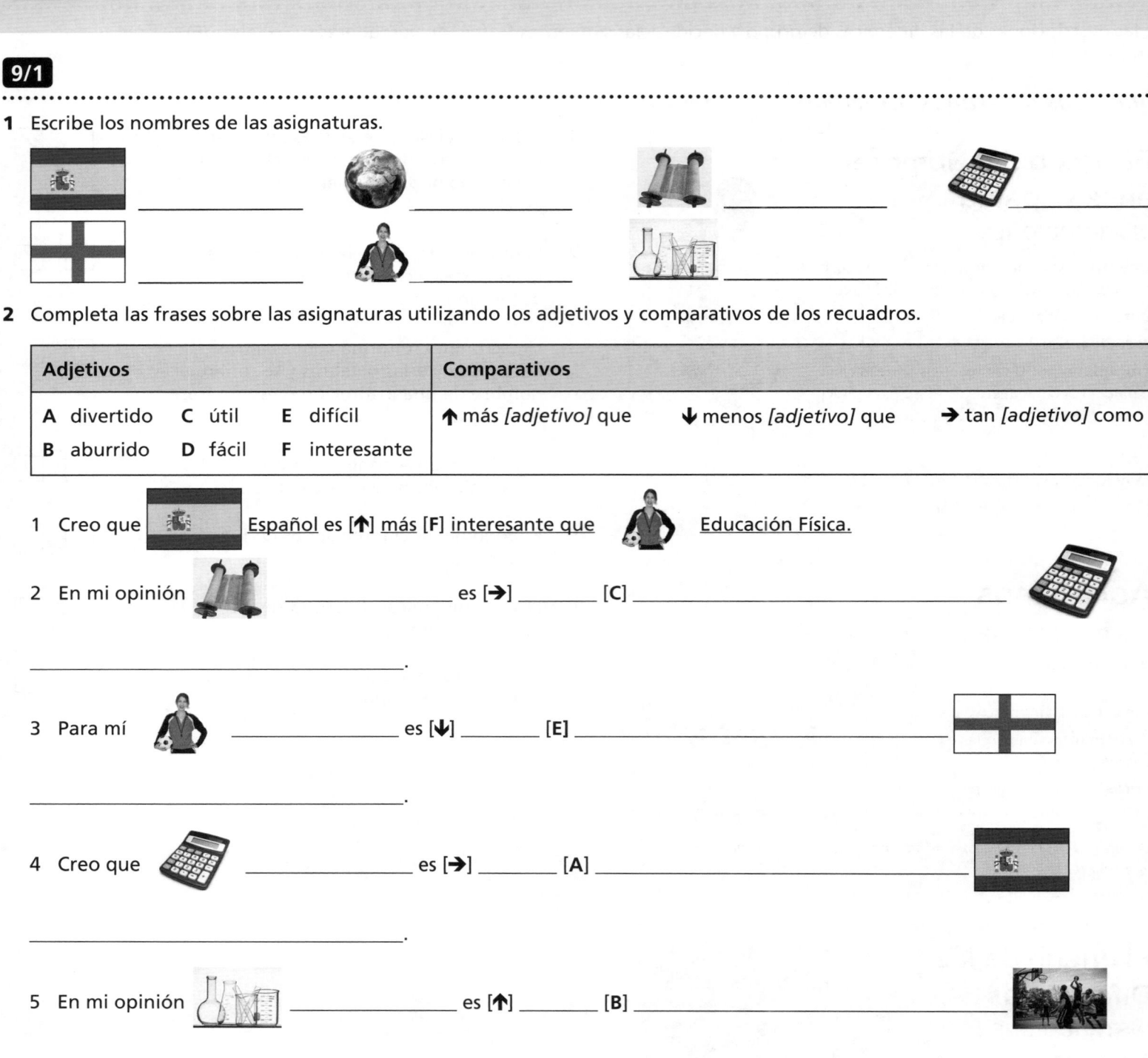

2 Completa las frases sobre las asignaturas utilizando los adjetivos y comparativos de los recuadros.

Adjetivos	Comparativos
A divertido **C** útil **E** difícil **B** aburrido **D** fácil **F** interesante	↑ más *[adjetivo]* que ↓ menos *[adjetivo]* que → tan *[adjetivo]* como

1 Creo que Español es [↑] más [F] interesante que Educación Física.

2 En mi opinión _____ es [→] _____ [C] _____

_____ .

3 Para mí _____ es [↓] _____ [E] _____

_____ .

4 Creo que _____ es [→] _____ [A] _____

_____ .

5 En mi opinión _____ es [↑] _____ [B] _____

_____ .

6 Para mí _____ es [↑] _____ [D] _____

_____ .

9/2

1 Completa la tabla utilizando las formas apropiadas del pretérito imperfecto.

pronombres personales	estudiar	aprender	escribir	querer
yo	estudiaba			
tú				
él/ella/usted				
nosotros(as)				
vosotros(as)				
ellos(as)/ustedes				

2 Escribe cuatro frases en el pretérito imperfecto para describir tu educación en el pasado.
Usa uno de los verbos de la tabla por frase.

Estudiábamos Historia en un aula muy pequeña y no me gustaba nada.

_____

_____

_____

_____

3 Escribe cuatro frases más, utilizando los verbos *gustar*, *odiar*, *escuchar* y *comer*.

Odiaba las clases de Educación Física porque no me interesaba el deporte.

_____

_____

_____

_____

9/3

Completa las frases, en el pretérito imperfecto, utilizando el verbo entre corchetes.

1 En el colegio _me gustaba_ (gustar, yo) mucho estudiar Ciencias. _Prestaba_ (prestar, yo) mucha atención en las clases y siempre _escribía_ (escribir, yo) mucho.

2 Pero durante las clases de Geografía no _____ (contestar, yo) tanto porque no _____ (interesarse, yo) aprenderla.

3 Tampoco _____ (querer, yo) estudiar Italiano porque no _____ (tener, yo) muchas ganas de vivir en el extranjero.

4 Siempre _____ (buscar, yo) excusas para no hacer los deberes porque _____ (preferir, yo) jugar.

5 En la clase de Historia siempre _____ (repetir, nosotros) las mismas cosas. _____ (Creer, nosotros) que la asignatura no _____ (servir, ella) para nada.

6 Mi profesor favorito siempre _____ (dar, él) clases muy activas. _____ (Aprender, nosotros) mucho en cada clase.

7 ¿Qué _____ (pensar, tú) de tus clases en el colegio? ¿_____ (Escuchar, tú) atentamente en clase?

9/4

1 Escribe las horas siguientes.

  1 Son las tres y veinte. _3:20_ _____

  2 Son las ocho. _____

  3 Son las cinco y cinco. _____

  4 Son las nueve y cuarto. _____

2 Escribe la hora correcta en números al lado del reloj.

  1 Son las tres y cuarto ___ _3:15_ _____

  2 Son las once y media _____

  3 Es la una menos veinte _____

  4 Son las dos y diez _____

  5 Son las cuatro menos veinticinco _____

  6 Son las seis menos cuarto _____

  7 Es la una y cinco _____

  8 Es mediodía / medianoche / son las doce _____

9/5

Usa un superlativo relativo para describir los elementos siguientes. Usa el presente o el pretérito indefinido, según se indique entre paréntesis.

1 Mi profesora favorita (presente) *Mi profesora favorita es la persona más simpática que conozco. Además, es la profesora más generosa, siempre quiere ayudarnos.*

2 El fútbol (presente) _____

3 La escuela primaria (pretérito indefinido) _____

4 La universidad (presente) _____

5 Ciencias (pretérito indefinido) _____

6 La cafetería (presente) _____

7 Los edificios en mi instituto (presente) _____

8 Mis amigos (pretérito indefinido) _____

9 Los deberes (presente) _____

1 Conjuga los verbos en el condicional.

pronombres personales	estudiar	escribir	suspender
yo			
tú			
él/ella/usted			
nosotros(as)			
vosotros(as)			
ellos(as)/ustedes			

2 Completa los espacios y las frases.

1 Si pudiera, el año que viene _estudiaría_ (yo, estudiar) _Negocios porque creo que sería muy útil para mi futuro, ya que me gustaría trabajar en los negocios internacionales._

2 En nuestras clases de Matemáticas _____

(nosotros, escribir) _____

_____

_____

_____ .

3 Si el profesor de Ciencias fuera más interesante, mi

amigo Juan no _____ (él, suspender),

pero _____

_____

_____

_____ .

Elige el tiempo verbal adecuado (pretérito imperfecto o condicional) para completar las frases siguientes.

1 *Me encantaría* / *Me encantaba* aprender más francés, pero, desafortunadamente, actualmente las clases no son muy interesantes.

2 *Trabajaría* / *Trabajaba* más y *sacaría* / *sacaba* mejores resultados que antes, pero mis profesores nunca me escuchan.

3 Después de las vacaciones *prefería* / *preferiría* continuar con Inglés y dejar Química.

4 La cafetería *sería* / *era* mejor en el pasado e *iba* / *iría* mucho más.

5 *Se prestaría* / *Se prestaba* más atención al futuro antes, con más acceso a las tecnologías modernas en todos los edificios y no solo en los laboratorios. Es frustrante que no haya más en este momento.

10 ¡Vamos a celebrar!

10/1

Concurso de mascotas disfrazadas, Carnaval de Gran Canaria. Busca nueve adjetivos con sentido positivo y otros nueve con sentido negativo y escribe dos opiniones positivas y dos negativas sobre este particular evento y justifica tu respuesta.

Pienso que el concurso de mascotas es ridículo porque los perros no se disfrazan nunca.

Adjetivos positivos	Adjetivos negativos	Adjetivos positivos	Adjetivos negativos
entretenido	ridículo		

en mi opinión • bajo mi punto de vista • opino que • pienso que • creo que

10/2

Da tu opinión: utiliza los comparativos *más*, *menos* y *tan* con los adjetivos del recuadro de la actividad 10/1 y las siguientes festividades.

la Navidad • los Sanfermines de Pamplona • las Fallas de Valencia • el Carnaval de Tenerife • la Semana Santa de Sevilla
la Tomatina de Buñol • el Día de los Muertos en la Ciudad de México • la Fiesta de la Pachamama • El Día de la Raza

Bajo mi punto de vista, la Navidad en España es más entretenida que la Navidad en mi país.

10/3

Escribe la conversación en el orden correcto.

Iván
1 ¡Vaya! Bueno, ¿quedamos a las nueve y media?
2 Soy Iván. Te llamo para ver si quieres quedar esta tarde.
3 A las nueve para cenar en la pizzería nueva del centro.
4 Adiós, hasta luego.
5 Después podemos ir a ver el concurso de disfraces de adultos si te apetece.
6 Sí, delante del restaurante a las nueve y media.
7 Hola, ¿está Soraya?
8 ¡Qué pena! ¿Quieres quedar mañana entonces?

Soraya
A Mmmm… No sé, estoy bastante ocupada. Tengo que cuidar a mi hermano pequeño.
B ¿A qué hora?
C Sí, soy yo. ¿Quién habla?
D No, lo siento, a las nueve no puedo porque trabajo hasta las ocho y media.
E Sí, vale. A las nueve y media me va bien. ¿Qué hacemos después?
F Perfecto, nos vemos allí. ¡Chao!
G Sí, ¿dígame?
H Buena idea, es siempre muy divertido. ¿Quedamos en el centro?

Soraya: _____

Iván: _____

Soraya: _____

Iván: _____

Soraya: _____

Iván: _____

Soraya: _____

Iván: _____

Soraya: _____

Iván: _____

Soraya: _____

Iván: _____

Soraya: _____

Iván: _____

10/4
....
Utiliza la forma correcta de los verbos modales *querer*, *poder* y *apetecer* en los espacios del siguiente texto.

Hoy por la mañana es el concurso de maquillaje y [1] _____ (apetecer, yo) ir con mis padres.

Después, por la tarde, [2] _____ (poder, nosotros) disfrazarnos. Hacen el concurso de la Reina

del Carnaval para adolescentes y [3] _____ (apetecer, yo) participar. Es divertido.

[4] _____ (querer, yo) disfrazarme de princesa del mar y si quieres [5] _____

(poder, nosotros) ir disfrazadas de forma conjunta para participar las dos a la vez. ¿Qué te parece? La cabalgata

es estupenda y si no ganamos el concurso no importa. Nos dejan participar. Nos lo vamos a pasar fenomenal.

10/5
....
Coloca los adjetivos del recuadro en el lugar correcto de las siguientes frases sobre celebraciones y fiestas. Acuérdate de usar las formas correctas de género y número de los adjetivos.

1   Los Sanfermines de Pamplona son muy conocidos en todo el mundo, pero creo que son un poco _____ para mi gusto.

2   La Diada de Cataluña se celebra cada año el 11 de septiembre y es muy _____ en la comunidad autónoma catalana. Me apetece ir este año.

3   Pienso que la fiesta de los toros en España es muy _____ , pero hay otra gente que no tiene la misma opinión que yo.

4   La Tomatina es una fiesta muy _____ y _____ . Me gusta mucho porque no tenemos nada parecido en nuestro país.

5   El Carnaval de Tenerife es muy _____ . Va gente de todo el mundo a verlo. Quiero ir con mis padres.

6   Las Fallas son muy _____ en la ciudad de Valencia y se celebran entre el 15 y el 19 de marzo. Es una fiesta de interés turístico internacional. ¿Os apetece verlas?

concurrido • divertidísimo • tradicional • popular • extravagante • cruel • animado

10/6

¿De qué ciudades son estos gentilicios? Completa la tabla. Después, escribe cinco frases.

Gentilicio	Ciudad (país)
madrileño/a	*Madrid (España)*
habanero/a	
limeño/a	
paceño/a	
santiaguino/a	
bogotano/a	
quiteño/a	
sansalvadoreño/a	
tegucigalpense	
asunceño/a	

Gentilicio	Ciudad (país)
montevideano/a	
caraqueño/a	
moscovita	
londinense	
tokiota	
neoyorquino/a	
parisino/a	
otauense	
berlinés/berlinesa	

Madrid • Asunción • Ottawa • Tokio • Caracas • San Salvador • La Paz • Montevideo
Nueva York • Santiago de Chile • Moscú • Berlín • Tegucigalpa
Londres • La Habana • Quito • Lima • Bogotá • París

1   *Un paceño vive en La Paz, la capital de Bolivia.*

2   _____

3   _____

4   _____

5   _____

10/7

Lee el correo electrónico de Mauricio y subraya todos los verbos en pretérito imperfecto.

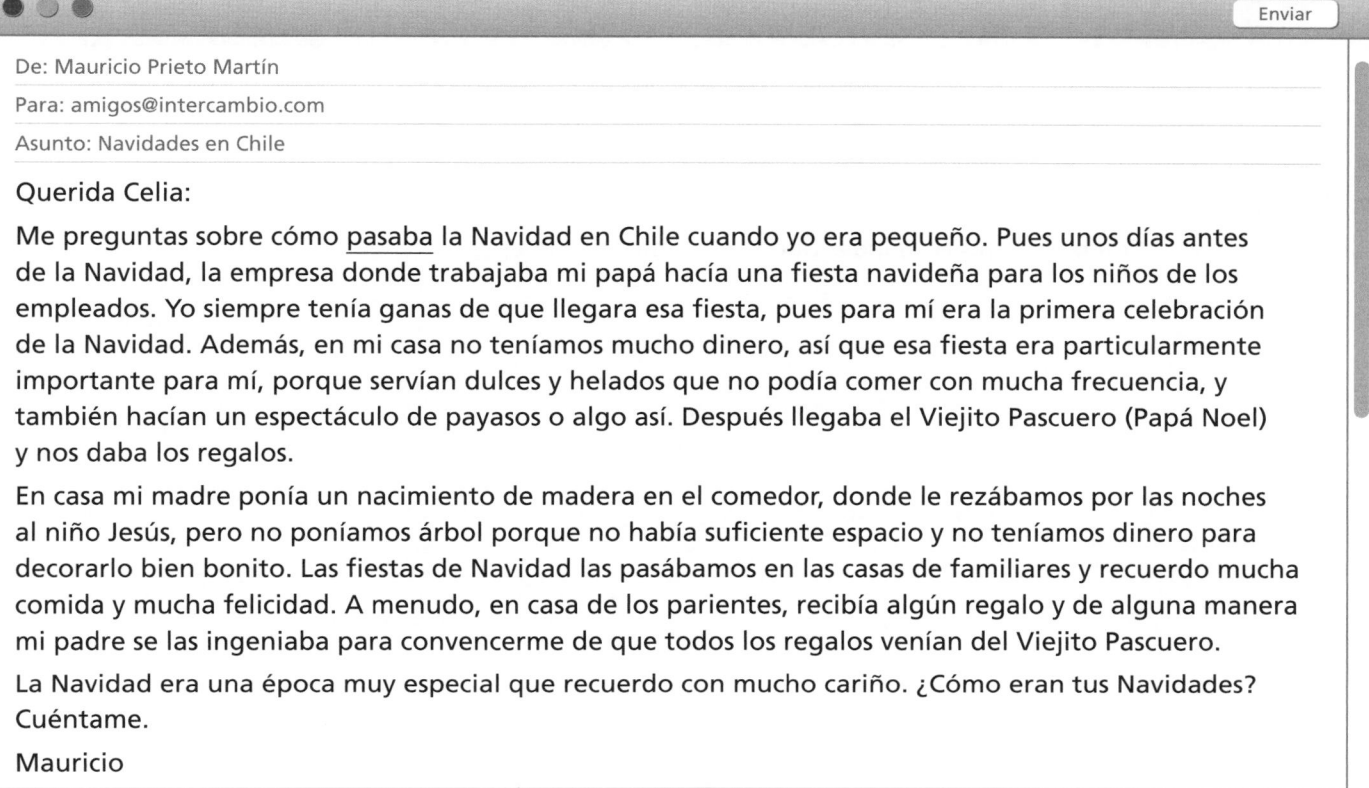

Enviar

De: Mauricio Prieto Martín

Para: amigos@intercambio.com

Asunto: Navidades en Chile

Querida Celia:

Me preguntas sobre cómo pasaba la Navidad en Chile cuando yo era pequeño. Pues unos días antes de la Navidad, la empresa donde trabajaba mi papá hacía una fiesta navideña para los niños de los empleados. Yo siempre tenía ganas de que llegara esa fiesta, pues para mí era la primera celebración de la Navidad. Además, en mi casa no teníamos mucho dinero, así que esa fiesta era particularmente importante para mí, porque servían dulces y helados que no podía comer con mucha frecuencia, y también hacían un espectáculo de payasos o algo así. Después llegaba el Viejito Pascuero (Papá Noel) y nos daba los regalos.

En casa mi madre ponía un nacimiento de madera en el comedor, donde le rezábamos por las noches al niño Jesús, pero no poníamos árbol porque no había suficiente espacio y no teníamos dinero para decorarlo bien bonito. Las fiestas de Navidad las pasábamos en las casas de familiares y recuerdo mucha comida y mucha felicidad. A menudo, en casa de los parientes, recibía algún regalo y de alguna manera mi padre se las ingeniaba para convencerme de que todos los regalos venían del Viejito Pascuero.

La Navidad era una época muy especial que recuerdo con mucho cariño. ¿Cómo eran tus Navidades? Cuéntame.

Mauricio

10/8

Lee de nuevo el correo electrónico y contesta las preguntas.

1 ¿Por qué escribe Mauricio sobre la Navidad en su infancia?

Celia le pregunta sobre eso en su correo anterior.

2 ¿Cuándo empezaba la Navidad para Mauricio?

_____

3 ¿Qué ocurría durante la fiesta?

_____

4 ¿Por qué era tan importante para Mauricio?

_____

5 ¿Cómo decoraban la casa en Navidad? ¿Por qué?

_____

6 ¿Qué hacía en los días de Navidad? ¿Le gustaba?

_____

10/9

Responde al correo electrónico de Mauricio. Escríbele un correo de 100 palabras. Utiliza comparativos.

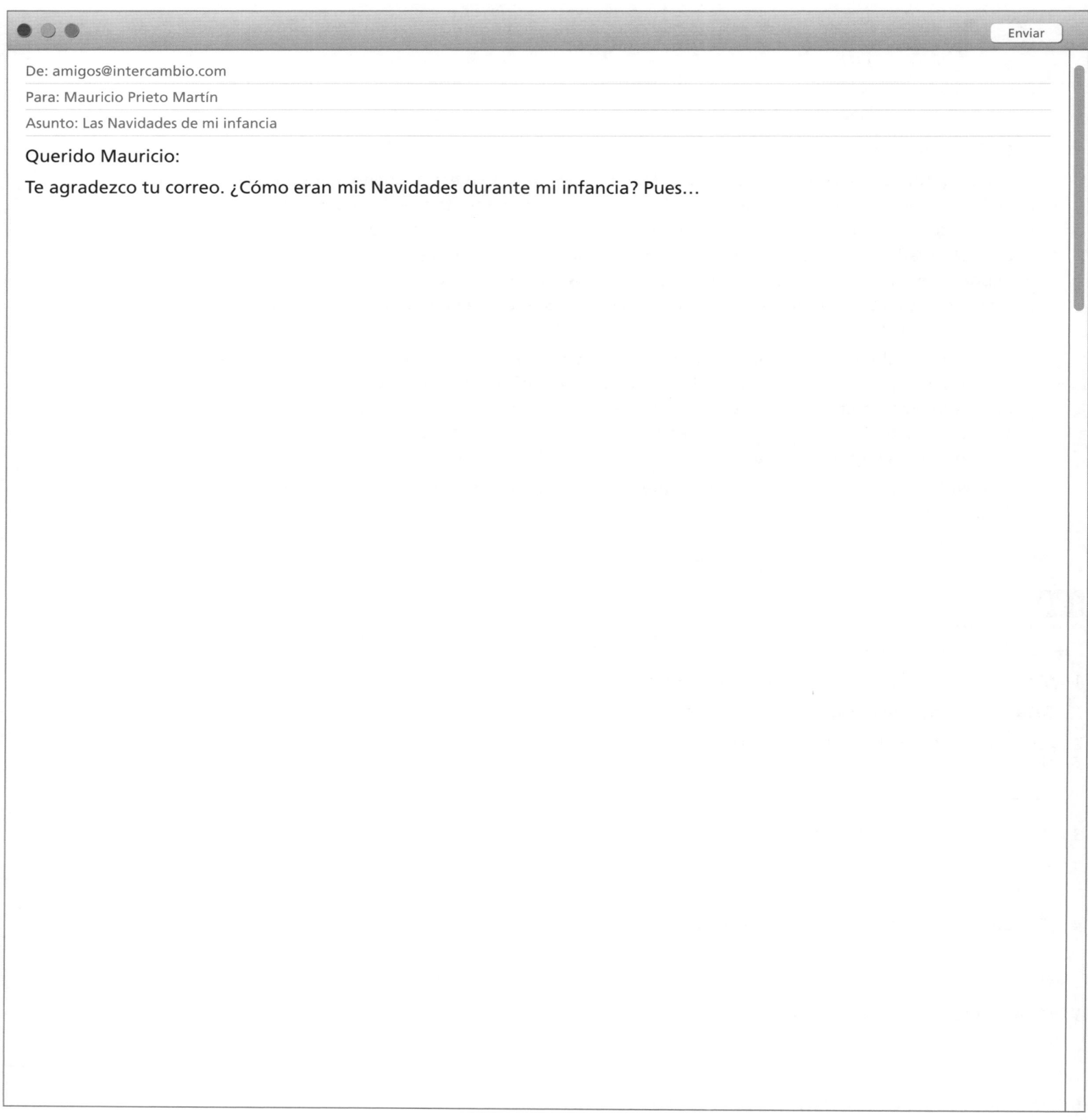

Enviar

De: amigos@intercambio.com

Para: Mauricio Prieto Martín

Asunto: Las Navidades de mi infancia

Querido Mauricio:

Te agradezco tu correo. ¿Cómo eran mis Navidades durante mi infancia? Pues…

10/10

Diego tiene una opinión muy personal sobre las Navidades. Escribe los números que corresponden a las opiniones positivas y a las negativas en la tabla.

1 Lo peor de la Nochebuena es la cantidad de comida que hay. Siempre me siento mal el día después.

2 Lo fundamental del día de Reyes es ir a la cabalgata con los niños. Está siempre muy animada.

3 Opino que lo esencial de las fiestas es decorar el árbol con guirnaldas y luces de colores. Me encanta.

4 Lo mejor para mí es Fin de Año con las campanadas, el cava y las doce uvas. Una tradición única en el mundo.

5 Pienso que la gente compra demasiadas cosas y regalos durante todas las fiestas y esto no es nada bueno. Lo esencial es pasárselo bien y no ser tan consumista.

6 Creo que lo bueno de la Navidad es que es una celebración fantástica porque quedas con la familia y los amigos. Lo más importante es disfrutarla todos juntos.

Diego

Opiniones positivas	Opiniones negativas

10/11

Añade uno de los verbos impersonales del recuadro en cada uno de los espacios de las siguientes frases.

1 La Semana Santa más famosa de España _____ en Sevilla.

2 En muchos países latinos _____ el descubrimiento de América por Cristóbal Colón el 12 de octubre.

3 El Día de los Muertos _____ sobre todo en México, pero también es conocido en los Estados Unidos, principalmente en California.

4 En las ceremonias a la Pachamama, la deidad Madre Tierra en los países andinos, _____ ofrendas comunitarias con comida, bebida y hojas de coca.

5 En Navidad, en muchos hogares españoles, _____ zanahorias, pan y agua a los camellos de los Reyes Magos el día 5 de enero por la noche.

6 En los Carnavales de Tenerife _____ ir disfrazado de lo que uno quiera. Hay mucha música y comparsas al aire libre.

se puede • se conmemora • se dejan • se conoce • se celebra • se hacen

Lee las pistas y completa el crucigrama con fiestas y celebraciones del mundo hispano.

Horizontales

4 Último evento del carnaval donde se ponen fin a las fiestas.

6 Festival donde una manada de toros persigue a los participantes que corren por la calle.

7 Festival donde se queman figuras y escenas enormes representativas de la actualidad después de un año de trabajo.

8 Celebración anual de la fecha de nacimiento.

9 Tradición indígena donde se da de comer a la Madre Tierra para que produzca buenos frutos.

10 Los portadores de los regalos de Navidad para los niños españoles.

Verticales

1 Se recuerda a los difuntos decorando sus tumbas con flores.

2 Festival donde los participantes se visten con disfraces.

3 Se recuerda la pasión, muerte y resurrección de Jesucristo.

5 Festival español donde se hace una batalla de tomates.

11 De compras

¿Qué se puede comprar en las siguientes tiendas? Escribe como mínimo dos productos para cada una de las tiendas que se mencionan dando ejemplos.

1   ¿Qué se puede comprar en la frutería?

Se puede comprar fruta como, por ejemplo, manzanas y fresas.

2   ¿Qué se puede comprar en la pescadería?

_____

3   ¿Qué se puede comprar en la librería?

_____

4   ¿Qué se puede comprar en la tienda de ropa?

_____

5   ¿Qué se puede comprar en la zapatería?

_____

6   ¿Qué se puede comprar en la juguetería?

_____

7   ¿Qué se puede comprar en la panadería?

_____

8   ¿Qué se puede comprar en la joyería?

_____

9   ¿Qué se puede comprar en la carnicería?

_____

Gramática en contexto

Se puede + verbo infinitivo + nombre singular

Se pueden + verbo infinitivo + nombre plural

En este supermercado se puede comprar carne, pero no se pueden comprar bicicletas.

11/2

¿Dónde hace las compras tu familia? ¿Por qué? Escribe un correo electrónico de 70 a 150 palabras a Jordi.

	Enviar

De:

Para:

Asunto:

11/3

¿Cómo te queda? Escribe las frases correspondientes para cada grupo de palabras y justifica tu respuesta.

Esta chaqueta me queda grande.

chaqueta / grande

zapatos / pequeño

camisa / mal

falda / estrecho

pantalones / largo

camiseta / ancho

blusa / estrecho

corbata / corto

11/4

Lee las frases y ordena la conversación.

H □ □ □ □ □ □ □ □ □ □ □

A Muy bien, ¿de qué color quiere el vestido de noche?

B Muchas gracias. Voy a pagar el vestido.

C Quiero el vestido de noche en azul oscuro si es posible, o negro.

D Aquí tiene. ¿Le gusta?

E Sí, tenemos el vestido en la talla 40 también.

F Sí, es bonito. ¿Me puedo probar el vestido?

G Sí, por supuesto, los probadores están al fondo... ¿Le queda bien?

H Hola, ¿le puedo ayudar?

I Sí, quisiera comprar un vestido de noche para una fiesta.

J Perfecto. Voy a comprar el vestido en la talla 40. ¿Dónde está la caja?

K Me va bien, pero un poco ajustado. ¿Tiene el vestido en una talla más grande?

L Está cerca de la entrada, a la izquierda.

11/5

Sustituye las palabras subrayadas por pronombres de objecto directo.

1 Muy bien, ¿de qué color quiere el vestido de noche?

   *Muy bien, ¿de qué color **lo** quiere?*

2 Quiero el vestido de noche en azul oscuro si es posible, o negro.

   _____

3 Sí, tenemos el vestido en la talla 40 también.

   _____

4 ¿Me puedo probar el vestido?

   _____

5 Voy a comprar el vestido en la talla 40.

   _____

6 ¿Tiene el vestido en una talla más grande?

   _____

11/6

Enumera las claves para reconocer un billete falso. Según el texto, ¿cómo puedes terminar con varios billetes falsos en tu posesión sin querer?

_____

_____

_____

_____

_____

¡Cuidado con los billetes falsos!

Su textura es diferente al tacto.

Su marca de agua con el personaje histórico del anverso no es tan clara y definida cuando miras el billete a contra luz.

Si tienes más de un billete, comprueba que tengan números de serie diferentes, los billetes falsos con frecuencia tienen el mismo número de serie.

Si el vendedor te dice que le diste un billete falso, no permitas que se lo quede y no le dejes que mire si tienes otros billetes falsos en tu posesión pues puede cambiar billetes buenos por otros falsos sin que te des cuenta.

11/7

Diseña un folleto para los abuelos de un hogar de ancianos promocionando las compras en la red. Debes incluir lo siguiente:

1 Sus ventajas

2 Aclaración de preocupaciones que los ancianos puedan tener relacionadas con la seguridad de sus datos o fraude

3 Testimonios de usuarios

¿Compra en la red?

11/8

Completa los espacios con la forma correcta del pretérito indefinido de los verbos entre paréntesis.

20 de enero de 2018

Querida Susana:

Las rebajas han empezado y ahora hay más ofertas y descuentos que nunca. Ayer [1] _____

(ir) al centro comercial con mis padres en Santa Cruz de Tenerife y [2] _____ (comprar)

pantalones y camisas para mi hermano. Después me los [3] _____ (llevar) a una de mis

tiendas preferidas de ropa y me [4] _____ (probar) mucha ropa, desde faldas a zapatos y

blusas de colores chillones. Con el dinero que me [5] _____ (dar) mis tíos en Navidad,

[6] _____ (poder) comprarme dos faldas y unos pantalones rojos. Incluso me

[7] _____ (sobrar) algo de dinero. Después [8] _____ (ir)

a comer a un restaurante del centro. A mi madre no le gusta nada comer en los centros comerciales

y prefiere ir a un pequeño establecimiento típico canario donde hacen papas arrugadas. Yo [9] _____

(pedir) carne con salsa, que me gusta mucho, y mis padres [10] _____ (pedir) ensalada y

huevos con las papas arrugadas. Después de los postres, [11] _____ (ir) a la playa, hacía

muy buen tiempo. Mi hermano nos [12] _____ (decir) que se quería bañar, pero el agua

está fría en esta época del año y mis padres no le [13] _____ (dejar).

Bueno, ahora toca ir a la escuela. Si te parece, te escribo dentro de un par de semanas. Envíame otra postal

desde Bremen. ¡Y a ver si nos vemos en verano, que ya toca!

Un abrazo,

Isabel

_____

_____

_____

_____

_____

12/1

Completa el crucigrama con las partes del cuerpo a las que se refieren las definiciones.

Horizontales

2 En invierno le ponemos una bufanda para mantenerlo caliente.

4 Puede ser de colores, largos y formas diferentes.

7 Van desde las caderas hasta los pies.

10 Tienen cinco dedos en cada una.

12 Los humanos tienen dos, los pájaros no tienen.

13 Contiene el órgano más complejo del cuerpo humano.

14 Permiten que podamos doblar las piernas.

Verticales

1 Se utilizan para mirar.

3 Tenemos que tener cuidado para no dañarla cuando levantamos cosas muy pesadas.

5 Puede doler si se come en exceso.

6 Los usamos para cortar o masticar la comida.

8 Sirven para caminar.

9 Va desde el hombro hasta la mano.

11 Rudolf, el reno de Papá Noel, la tiene roja.

13 Generalmente se lava por las mañanas para ayudarnos a despertar.

12/2

Utiliza las imágenes para completar la conversación 1 e imaginar y escribir la conversación 2.

  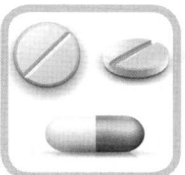 

Conversación 1

– Hola, buenas tardes, ¿qué le pasa?

– Me duele _____

– ¿Desde cuándo le duele?

– Hace _____

– Bueno, deber tomar estas _____

   cada ocho horas e intente _____

Conversación 2

_____

_____

_____

_____

_____

12/3

Utiliza la forma del pretérito perfecto correcta en el siguiente correo electrónico a un amigo sobre salud y bienestar.

Enviar

De: Manuel López

Para: José Caro

Asunto: El cambio

Hola, José:

¿Qué tal?

Te escribo porque hoy [1] _____ (decidir)

cambiar de hábitos. [2] _____ (empezar)

a comer sano y [3] _____ (dejar) los bollos

y la comida grasa. [4] _____ (ir) a un

nutricionista y me [5] _____ (escribir) un plan

de comidas y ejercicio físico que es fenomenal. Ahora

puedo comer de todo y [6] _____ (notar)

que me siento mucho mejor y con mucha más energía.

Me [7] _____ (apuntar) a un gimnasio cerca

de mi casa y [8] _____ (decidir) seguir al

pie de la letra las indicaciones de mi nutricionista.

Verduras, fruta, pan integral y poca comida frita. Me

[9] _____ (dar) cuenta de lo importante que

es comer bien, hacer ejercicio regularmente, no fumar

ni beber y dormir las horas que necesito. Te recomiendo

el dietista, se llama Andrés Pérez, y por un módico

precio te puede hacer un plan que te cambiará la vida.

Ya me dirás lo que [10] _____ (decidir).

Un abrazo,

Manuel

12/4

Escribe correctamente los participios irregulares en las siguientes frases.

1 Juan ha _____ (abrir) la puerta de par en par y hoy hace mucho frío.

2 Le he _____ (decir) mil veces que deje de comer pasteles a todas horas. Engordan.

3 He _____ (cubrir) la mesa con un gran mantel para los invitados.

4 Hoy he _____ (poner) la televisión y nos ha sorprendido la cantidad de anuncios de comida basura que hay entre programa y programa.

5 Rosa me ha _____ (escribir) que no puede venir hoy porque tiene clases de pilates.

6 Esteban casi se ha _____ (morir) del susto cuando ha visto el programa semanal de ejercicio físico que tiene que hacer para bajar peso.

7 Pedro, Antonio, os voy a poner como ejemplo. ¡Habéis ____ (romper) con los hábitos poco saludables que teníais en solo un mes!

8 He _____ (ver) que has _____ (volver) a caer en el mal hábito de fumar. ¡Déjalo ya!

9 He _____ (hacer) los ejercicios físicos del día. Ahora me toca descansar y relajarme. Me siento muy bien.

12/5

Enlaza los siguientes problemas relacionados con la salud y el bienestar con sus posibles soluciones. ¡Cuidado! Hay dos palabras que sobran.

1 El tabaquismo ☐

2 El alcoholismo ☐

3 La drogadicción ☐

4 El cáncer ☐

5 La depresión ☐

6 La obesidad ☐

7 La diabetes ☐

8 Las enfermedades cardiovasculares ☐

9 Los accidentes de tráfico ☐

10 Los resfriados y la tos ☐

11 La malnutrición ☐

A ¡No bebas en exceso! ¡Los médicos recomiendan la abstención o solo beber tres o cuatro vasos de vino a la semana como máximo!

B Los nutrientes en niños y adultos son básicos para una correcta función del cuerpo.

C Se necesita un tratamiento médico específico. No se trata solo de sentirse triste.

D Hay que comer menos grasas y hacer más ejercicio para que el corazón se sienta sano.

E ¡Tienes que mantenerte lejos de ellas! Son ilegales y, por lo tanto, muy peligrosas.

F Tenemos que respetar el límite de velocidad y las señales de tráfico en todo momento.

G Hay que evitar ingerir alimentos que presenten exceso de azúcar.

H No tienes ni que probar un cigarro. ¡La nicotina es una droga!

I El exceso de comida rápida y rica en grasas hace que subas de peso constantemente. ¡Tienes que comer fruta y verdura!

12/6

Lee estas afirmaciones. ¿Son ventajas o desventajas del vegetarianismo?

	Ventaja	Desventaja
1 Es una dieta baja en grasas saturadas.	✔	
2 No contiene nada de colesterol.		
3 Puede ocasionar carencias de algunos micronutrientes.		
4 Puede incluir más fibra, lo que está asociado con menor prevalencia de algunos cánceres.		
5 El alto consumo de fibra puede impedir que algunos minerales se absorban correctamente.		
6 Ayuda a prevenir la obesidad.		
7 Es más difícil tener una dieta equilibrada.		
8 El déficit de vitamina B2, solo hallada en productos cárnicos, puede resultar en anemia.		
9 El hierro de origen vegetal no se absorbe con la misma facilidad.		
10 Las proteínas de origen animal tienen mejor calidad nutricional.		

13 Mi estilo de vida

1 Completa la tabla con la segunda persona del singular del imperativo y utiliza cada verbo en una frase.

Infinitivo	Imperativo (tú)	Frase
comer	*come*	*Come más pescado, es muy sano.*
combinar		
beber		
hacer		
ir		
fumar		
correr		
intentar		
dormir		
evitar		

2 Escribe tu propia tabla con ocho infinitivos relacionados con la salud. Completa la tabla con el imperativo de la segunda persona del singular (tú) y usa cada verbo en una frase.

Infinitivo	Imperativo (tú)	Frase

13/2

Usa los verbos de la actividad anterior para completar las frases y escríbelas en la segunda persona del singular del imperativo.

1 *Intenta* llevar una vida más sana.

2 Si estás estresado, siempre _____ como mínimo ocho horas cada noche.

3 _____ las comidas con mucha grasa, causan mucho daño a tu sistema digestivo.

4 Si quieres tener más energía, _____ como mínimo tres veces por semana.

5 _____ que tus amigos dejen de fumar.

6 _____ menos alcohol, aunque algunos expertos dicen que el vino tinto, de manera moderada, puede tener efectos positivos para la salud.

7 _____ todo con moderación, _____ una dieta equilibrada con ejercicio.

13/3

Usa los verbos entre paréntesis en la segunda persona del imperativo para dar un consejo sobre el tema indicado. Incluye una opinión y justifícala.

1 El silencio (incluir) *Incluye diez minutos de silencio o de meditación como parte de tu rutina diaria para proteger tu salud mental.*

2 Las drogas (evitar) _____

3 La gimnasia (intentar) _____

4 Los amigos (ayudar) _____

5 Los adictos (proteger) _____

6 El descanso (dormir) _____

7 El agua (tomar) _____

8 Los carbohidratos (comer) _____

9 Los consejos gubernamentales (respetar) _____

13/4
....

Utiliza los verbos siguientes en el condicional empleando las formas indicadas entre paréntesis.

1 beber (yo) – menos alcohol → *bebería menos alcohol.*

2 comer (yo) – más fruta _____

3 hacer (ella) – más ejercicio _____

4 dejar (tú) – de fumar _____

5 empezar (yo) – a hacer ejercicio _____

6 tomar (ellos) – menos riesgos _____

7 ir (tú) – al gimnasio a menudo _____

8 parar (nosotros) – de comer comida rápida _____

9 descansar (yo) – más _____

10 prohibir (el Gobierno) – las drogas _____

13/5
....

Completa las frases siguientes con el condicional para describir tus propios deseos para llevar una vida sana en el futuro.

1 Si tuviera un problema con el tabaco, *hablaría con mi madre.*

2 Si tuviera más dinero, _____

3 Si pudiera, _____

4 Si no fuera tan difícil, _____

5 Si tuviera más tiempo, _____

6 Si estuviera muy enfermo, _____

7 Si quisiera estar más sano, _____

8 Si pudiera comer mejor, _____

13/6

Conecta las dos partes de la frase.

1 Si no costara tanto, ☐
2 Si pudiera, jugaría ☐
3 Preferiría comer más ☐
4 Si tuviera un problema, ☐
5 Antes de tomar cualquier ☐
6 Si no estuviera contento con ☐

A al baloncesto cada noche para estar en forma.

B debería hacer más ejercicio para estar más sana.

C pescado para tener una dieta más equilibrada.

D jugar con mis amigos para descansar un poco.

E podría hablar con mi profesora favorita.

F iría más a la piscina para nadar.

G mi cuerpo o mi salud, me entrenaría más.

H comía más en restaurantes.

I para perder un poco de peso y sentirme un poco mejor.

J cosa en el gimnasio, tendría que saber exactamente lo que es.

K hablará con mi médico.

L fui al gimnasio cada semana.

13/7

Busca los ocho verbos en el condicional. Usa cada verbo en una frase para describir cómo vivir una vida más sana.

Q	C	Q	J	H	S	N	K	X	C	S	S
W	H	X	P	K	O	X	S	N	O	U	A
T	Y	N	P	I	M	T	P	M	S	W	Í
D	Y	P	R	T	A	H	A	A	I	M	R
P	B	J	R	M	Í	Í	R	J	Q	M	D
K	X	P	O	D	R	Í	A	M	O	S	N
S	I	A	Í	R	A	H	C	U	C	S	E
I	M	K	E	N	T	A	Y	D	B	P	T
W	N	U	T	Y	I	T	O	S	B	Q	G
U	Q	Y	B	E	V	V	O	G	O	D	M
Z	B	C	O	M	E	R	Í	A	K	K	L
A	Í	R	A	R	P	M	O	C	K	M	E

Verbo en condicional	Frase
1	
2	
3	
4	
5	
6	
7	
8	

13/8

Completa la tabla con las formas indicadas en el pretérito imperfecto (Pret. Imperf.) y el pretérito indefinido (Pret. indef.).

Infinitivo	Pret. Imperf.	Pret. indef.	Pret. Imperf.	Pret. indef.	Pret. Imperf.	Pret. indef.
	yo		él/ella/usted		nosotros(as)	
bailar						
hablar						
salir						
sufrir						
beber						
correr						

13/9

Lee estas afirmaciones. ¿Son verdaderas (V) o falsas (F)? Corrige las afirmaciones falsas abajo (hay tres).

	F	V
1 El pretérito indefinido describe una acción ya terminada.		
2 El pretérito imperfecto describe una acción que va a pasar pronto.		
3 A menudo se usa *mientras* + pretérito imperfecto.		
4 A menudo se usa *cuando* + pretérito indefinido.		
5 No se puede usar el pretérito indefinido y el pretérito imperfecto en la misma frase para describir algo en el pasado.		
6 *Ir* y *ser* son los únicos irregulares para el pretérito imperfecto.		

Correcciones:

* _____

_____

* _____

_____

* _____

_____

13/10

Completa las frases con los verbos entre paréntesis. Decide qué verbo utilizar en cada espacio y si debes conjugarlo en el pretérito imperfecto o el pretérito indefinido. Cada frase incluye un verbo en el pretérito indefinido y un verbo en pretérito imperfecto.

1 _Corría_ en el parque con Javier cuando _vi_ el accidente. (correr / ver)

2 _____ una vida sana hasta que _____ a Mariló. (llevar / conocer)

3 _____ atentamente mientras el médico me _____. (escuchar / hablar)

4 Anoche _____ muy bien, pero durante mis exámenes _____
muy estresada. (dormir / estar)

5 No _____ fumar, pero una vez lo _____ en una fiesta y no me _____ .
(querer / probar / gustar)

6 Durante mis estudios universitarios mi padre siempre me _____ que era bueno hacer deporte,

y yo _____ su consejo. (aconsejar / seguir)

13/11

Usa el verbo entre paréntesis para describir el tema indicado y explica tu opinión. Usa el pretérito indefinido o el pretérito imperfecto.

1 El agua (beber) _Nunca bebía agua porque no me gustaba el sabor y prefería beber o refrescos azucarados o café._

2 El ejercicio (hacer) _____

_____

3 La comida basura (comprar) _____

_____

4 Con mi familia (comer) _____

_____

5 Estrés de exámenes (tener) _____

_____

6 Una vida sana (llevar) _____

_____

7 Las drogas (interesarme) _____

_____

14/1

1 Lee las frases en la primera persona del singular y completa la tabla.

Frase	1ª persona singular	3ª persona singular	Tiempo verbal
1 Soy bastante tímida y callada.	soy	es	presente
2 Era víctima de una campaña psicológica en línea.			
3 Juego cada viernes en un equipo mixto de fútbol.			
4 Tengo muchos amigos en el colegio.			
5 Me mudé para escapar del acoso cotidiano.			
6 Me encanta vivir en Barcelona porque es una ciudad fascinante.			
7 Viajaría a Colombia para ayudar a mi primo.			
8 Creo que el sexismo es una de las peores plagas de nuestros días.			
9 Me gustaba salir con ella cada noche.			
10 No entiendo la discriminación, es algo ridículo.			
11 Me sentía cómodo en su presencia.			

2 Escribe una frase utilizando el verbo en la tercera persona del singular.

1 *Es bastante tímida y callada.*

2 _____

3 _____

4 _____

5 _____

6 _____

7 _____

8 _____

9 _____

10 _____

11 _____

14/2

Convierte estas frases a la tercera persona del singular para informar sobre las quejas de discriminación.

1 Soy una chica bastante guapa y normalmente tengo mucha confianza en mí misma, pero me parece difícil seguir buscando trabajo, ya que creo que no voy a encontrar nada digno.

*Es una chica bastante guapa y normalmente **tiene** mucha confianza en **sí** misma, pero **le parece** difícil seguir buscando trabajo, ya que **cree** que no **va** a encontrar nada digno.*

2 Mis padres son del sureste de Asia y mi tono de piel es más oscuro que el de mis compañeros. A veces sufro acoso racista, pero suelo intentar ignorarlo.

_____

3 Nací en México, pero luego me mudé a San Diego, en los Estados Unidos, dos años más tarde. Aunque llevo quince años ya al norte de la frontera, mucha gente sigue sin aceptarme porque soy una inmigrante. Sin embargo, la gente que me conoce no piensa que soy diferente.

_____

4 Mucha gente se burla de mí porque tengo siete hermanos y cinco hermanas. Soy bastante tímido, probablemente porque soy el hermano menor de todos, así que casi nunca hablo en casa.

_____

5 No llevo ropa de moda, y como resultado soy un poco diferente. La mayoría de los estudiantes de mi colegio lleva la ropa más moderna, más de moda, pero no me interesa para nada, quiero marcar mi propio estilo.

_____

6 Mi padre es agente de policía. Yo estoy muy orgullosa de él, pero aquí en Tijuana es un trabajo peligroso y poco popular, así que algunos de mis compañeros de clase no me tratan bien. Me molesta mucho.

_____

14/3

Describe el tema indicado utilizando el *se* impersonal y usa la palabra entre paréntesis en tu frase.

1 Ir al cine (imaginación) *Para mí, se debe ir al cine tanto como sea posible para estimular la imaginación.*

2 El acoso virtual (tecnología) _____

3 Los medios sociales (peligroso) _____

4 Los videojuegos (obsesión) _____

5 El ejercicio (forma) _____

14/4

Lee el texto y busca los elementos gramaticales indicados.

TEN CUIDADO EN LÍNEA

Begoña tenía dieciséis años. Como todos sus amigos en Pamplona, tenía una cuenta de Twitter y una página de Facebook. Así se comunicaba con todo el mundo, les enviaba mensajes y compartía fotos y vídeos. Era divertido y le gustaba mucho.

Luego conoció a Alejandro en un foro en línea. Los dos utilizaban Twitter para compartir chistes para jóvenes. Alejandro era muy gracioso. Tras enviarse unos mensajes privados en Twitter también se conectaron en Facebook, y empezaron a charlar cada noche durante unas semanas. Alejandro tenía quince años y era divertido, inteligente e interesante, su chico ideal. Nunca se conocieron en persona, pero se llevaban fenomenal.

Pero casi un mes más tarde el mundo de Begoña se derrumbó.

Tres chicas de su clase, con las cuales no se llevaba bien, comenzaron a revelar muchos detalles personales de Begoña en Facebook. Pronto Begoña se dio cuenta de que Alejandro era una ficción, que fueron las tres chicas las que enviaron todos los mensajes a Begoña. Las chicas publicaron muchas cosas crueles e íntimas, y todo el mundo se rio de Begoña.

Ella se sintió horrible. No fue al colegio durante tres semanas. No podía contestar el teléfono y borró sus cuentas en Facebook y en Twitter. Se sintió sola y paranoica.

1 Verbos en el pretérito indefinido (destácalos en amarillo)

2 Verbos en el pretérito imperfecto (destácalos en rosa)

3 Verbos en el imperativo (destácalos en verde)

4 Adjetivos (subráyalos)

14/5

Busca en el diccionario un sinónimo y un antónimo para cada palabra.

		Sinónimo	Antónimo
1	molesto		
2	un riesgo		
3	hablar		
4	malo		
5	difícil		
6	causar		
7	un problema		
8	rico		
9	contento		
10	responsable		

14/6

Practica esta estrategia para mejorar tus frases siguiendo cada uno de los pasos en los siguientes casos.

1 Mi colegio es <u>aburrido</u>.

 A Agrega un adjetivo: _____

 B Agrega un adverbio: _____

 C Mejora la calidad de la palabra subrayada en la frase original: _____

 _____

 D Justifica tu opinión: _____

 _____

2 Hay muchos chicos <u>horribles</u> en mi clase.

 A Agrega un adjetivo: _____

 B Agrega un adverbio: _____

 C Mejora la calidad de la palabra subrayada en la frase original: _____

 _____

 D Justifica tu opinión: _____

 _____

3 En mi opinión el acoso virtual es <u>negativo</u>.

 A Agrega un adjetivo: _____

 B Agrega un adverbio: _____

 C Mejora la calidad de la palabra subrayada en la frase original: _____

 _____

 D Justifica tu opinión: _____

 _____

14/7

Completa las tablas utilizando las formas apropiadas de los verbos *estar* y *tener*.

Estar	Pretérito indefinido	Pretérito imperfecto	Presente	Condicional
yo				
tú				
él/ella/usted				
nosotros(as)				
vosotros(as)				
ellos(as)/ustedes				

Tener	Pretérito indefinido	Pretérito imperfecto	Presente	Condicional
yo				
tú				
él/ella/usted				
nosotros(as)				
vosotros(as)				
ellos(as)/ustedes				

14/8

Utiliza las siguientes expresiones con *tener* o *estar* en el tiempo verbal indicado para describir relaciones personales (los amigos, la familia, la discriminación, el acoso, etc.). Escribe un mínimo de 10 palabras por frase.

1 miedo (pretérito imperfecto)

Tenía miedo del efecto de la tecnología porque no sabía utilizarla con cuidado.

2 suerte (condicional) _____

3 harto (presente) _____

4 vergüenza (pretérito indefinido) _____

5 buen humor (presente) _____